Igreja Brasileira com Propósitos

Uma estratégia em movimento

Igreja Brasileira com Propósitos
Uma estratégia em movimento

Carlito Paes

Prefácio de Mark Carver

Vida
ACADÊMICA

Editora Vida
Rua Conde de Sarzedas, 246 Liberdade
CEP 01512-070 São Paulo, SP
Tel.: 0 xx 11 2618 7000
Fax: 0 xx 11 2618 7030
www.editoravida.com.br

Editor responsável: Marcelo Smargiasse
Editor-assistente: Gisele Romão da Cruz Santiago
Editor de qualidade e estilo: Sônia Freire Lula Almeida
Preparação: Andrea Filatro e Mariana C. Madaleno
Revisão de provas: Equipe Vida
Projeto gráfico e diagramação: Claudia Fatel Lino
Capa: Erich Prates

©2012, Carlito Paes

■

Todos os direitos reservados por Editora Vida.

PROIBIDA A REPRODUÇÃO POR QUAISQUER MEIOS, SALVO EM BREVES CITAÇÕES, COM INDICAÇÃO DA FONTE.

■

Scripture quotations taken from *Bíblia Sagrada, Nova Versão Internacional, NVI* ®
Copyright © 1993, 2000 by International Bible Society ®.
Used by permission IBS-STL U.S.
All rights reserved worldwide.
Edição publicada por Editora Vida, salvo indicação em contrário.

Todos os grifos são do autor.

Todas as citações bíblicas e de terceiros foram adaptadas segundo o Acordo Ortográfico da Língua Portuguesa, assinado em 1990, em vigor desde janeiro de 2009.

1. edição: jun. 2012
1ª reimp.: out. 2012
2ª reimp.: out. 2015
3ª reimp.: out. 2017

Dados Internacionais de Catalogação na Publicação (CIP)
(Câmara Brasileira do Livro, SP, Brasil)

Paes, Carlito
  Igreja brasileira com propósitos: uma estratégia em movimento / Carlito Paes. — São Paulo: Editora Vida, 2012.

  Bibliografia.
  ISBN 978-85-383-0264-3

  1. Liderança cristã 2. Missão da Igreja 3. Vida cristã I. Título.

12-06391   CDD-262.1

Índices para catálogo sistemático:
  1. Igreja : Ministério : Cristianismo 262.1
  1. Igreja : Propósitos : Cristianismo 262.1

Dedicatória

Dedicamos esta obra a todos os pastores,
líderes e igrejas pioneiros e atuais que, sob a comissão
de Cristo e a direção do Espírito Santo, estão aplicando
os princípios de vida e igreja com propósitos em suas
realidades locais, de forma contextualizada e prática,
gerando vida e saúde em seus ministérios e contribuindo
para a expansão do Reino de Deus no Brasil e no mundo!

Dedicatória póstuma

Ao pastor Ary Velloso,
que, em 1998, recomendou à Editora Vida
no Brasil a tradução e publicação do livro
Uma igreja com propósitos,
com a célebre e marcante constatação:
"Depois do livro de Atos, aqui está o mais
importante manual sobre crescimento de igreja".

Temos saudades de Ary Velloso, pastor-fundador
da Igreja Batista do Morumbi, em São Paulo.
Seu legado permanecerá!

Agradecimentos especiais!

À pastora Leila Paes, que, em janeiro de 2001, passou um mês cuidando dos nossos dois bebês gêmeos, de apenas 3 meses de idade, para que eu estivesse nos EUA e Canadá, quando participei da minha primeira conferência na Igreja de Saddleback (CA).

Ao pastor J. Guy Key, a primeira pessoa a me convidar e a me incentivar a participar de uma conferência de Igreja com Propósitos no ano de 2000, conseguindo inclusive apoio financeiro para tal.

Ao pastor Rick Warren, que, com sua vida, sua integridade, sua paixão e seu ministério, foi usado por Deus para transformar a minha própria vida e o meu ministério nesta última década.

Ao pastor Ricardo A. dos Santos, que, sob a bênção e apoio da PIB em São José dos Campos, implantou comigo o Ministério Propósitos — Treinamento & Recursos em 2001.

À Mariana Ceruks, minha revisora e preparadora de texto, que fez um trabalho muito especial para que este livro chegasse a você!

A todos os pastores, amigos, funcionários e ex-funcionários que serviram comigo em conferências e no escritório do Ministério Propósitos Brasil.

O Grande Mandamento

Respondeu Jesus: "'Ame o Senhor, o seu Deus de todo o seu coração, de toda a sua alma e de todo o seu entendimento'. Este é o primeiro e maior mandamento. E o segundo é semelhante a ele: 'Ame o seu próximo como a si mesmo'. Destes dois mandamentos dependem toda a Lei e os Profetas" (Mateus 22.37-40).

A Grande Comissão

"Portanto, vão e façam discípulos de todas as nações, batizando-os em nome do Pai e do Filho e do Espírito Santo, ensinando-os a obedecer a tudo o que eu lhes ordenei. E eu estarei sempre com vocês, até o fim dos tempos" (Mateus 28.19,20).

"A maior tragédia na vida de uma pessoa não é a morte, mas sim uma vida sem propósitos"
— CARLITO PAES

Sumário

Prefácio — Mark Carver | 15 |
Introdução | 19 |

Parte 1
O contexto da igreja brasileira com propósitos

Capítulo 1 Breve histórico do movimento Propósitos no Brasil | 27 |
Capítulo 2 Uma vida com propósitos: a essência de tudo | 39 |

Parte 2
Fundamentos da igreja com propósitos

Capítulo 3 Respondendo aos mitos sobre a igreja com propósitos | 53 |
Capítulo 4 Edificando uma igreja com propósitos | 63 |
Capítulo 5 Passos para a transição para a igreja com propósitos | 73 |
Capítulo 6 As bases dos propósitos: o poder do equilíbrio | 85 |
Capítulo 7 Alcançando e servindo as faixas etárias | 97 |

Parte 3
A liderança com propósitos

Capítulo 8 O líder com propósitos | 113 |
Capítulo 9 Formando uma equipe colegiada | 127 |
Capítulo 10 A pregação com propósitos | 141 |

Parte 4
A dinâmica da igreja brasileira com propósitos

Capítulo 11 Pequenos grupos: o coração da igreja | 151 |
Capítulo 12 As celebrações: diversificadas e direcionadas | 165 |
Capítulo 13 Eventos-ponte: pescando com múltiplos anzóis | 181 |

Parte 5
Ministérios da igreja com propósitos na realidade brasileira

Capítulo 14 Gestão ministerial | 195 |
Capítulo 15 As classes de maturidade: o crescimento saudável | 201 |
Capítulo 16 O poder das campanhas | 205 |
Capítulo 17 Celebrando a Recuperação | 213 |
Capítulo 18 O plano PEACE: missão e compaixão | 223 |
Capítulo 19 Plantação de novas igrejas: expandindo o movimento | 235 |
Capítulo 20 A igreja se redesenha: fazemos parte dessa transformação! | 245 |

Conclusão | 251 |

Apêndices

Apêndice 1 Depoimentos de líderes de igrejas brasileiras com propósitos | 259 |
Apêndice 2 Biblioteca Propósitos | 277 |

Referências Bibliográficas | 279 |

Prefácio

Como tem feito ao longo dos séculos, Deus está agindo por todo o mundo. Significativa para o nosso tempo e espaço na História é a maneira pela qual Ele está agindo por meio de sua igreja no Hemisfério Sul. Isso é certamente evidente no Brasil. Por mais de uma década tenho tido o privilégio de ser uma pequena parte desse crescimento de uma série de maneiras:

- Recebendo equipes de pastores brasileiros em visita à Califórnia para nossas Conferências de Igrejas com Propósitos;
- Firmando parcerias com os líderes da *International Mission Board* dos Batistas do Sul, com o pastor Carlito Paes e outros líderes chave para promover treinamentos, Campanhas de 40 Dias e recursos do Propósitos às igrejas do Brasil; e
- Trazendo o pastor Rick Warren para falar no país em 2001 e 2008.

Em meio a tudo isso, nós pudemos assistir de camarote a pastores respondendo em obediência aos mandamentos de Jesus e como resultado, testemunhar suas igrejas crescendo em saúde, eficácia e influência. Por causa da influência de pastores como Carlito, e de ensinamentos de Rick em seus livros *Uma igreja com propósitos* e *Uma vida com propósitos*,[1] hoje há milhares de igrejas transformadas que são relevantes e que estão fazendo a diferença em suas comunidades. Essas são igrejas que entendem

---

[1] Publicados por Editora Vida.

suas vizinhanças e vão além de suas próprias paredes, demonstrando o amor, o perdão e a esperança de Cristo. Elas estão levando pessoas à comunhão com Cristo e umas com as outras, educando-as na maturidade de Cristo e oferecendo a elas a visão para o ministério e missões. Fazem tudo isso para a glória global de Deus. São líderes que entendem que a igreja local é verdadeiramente a esperança de Deus para o mundo!

Existe um movimento mundial de líderes que usam o paradigma do Propósitos na vida de suas igrejas. Esse movimento cresce porque é efetivo e, mais importante, porque é uma resposta concreta ao Grande Mandamento e à Grande Comissão de Jesus. É um movimento que flui desses princípios bíblicos.

Este importante livro narra muito do movimento do Propósitos dentro do contexto brasileiro, incluindo seus próprios desafios e lutas. De pastores e líderes que já vivem essa realidade em suas igrejas, àqueles que estão buscando iniciar essa jornada, todos se beneficiarão dos preciosos *insights* compartilhados por pessoas reais que já trilharam esse caminho e continuam abrindo novas portas para a obra da igreja.

Tenho acompanhado pessoalmente a jornada do meu querido amigo Pastor Carlito e da Primeira Igreja Batista em São José dos Campos (SP). Em 2004, a igreja de Saddleback lhe concedeu o prêmio de "Igreja Saudável", por conta de sua atuação e liderança exemplares. Não há dúvidas de que essa igreja é grandemente responsável pela introdução e divulgação do movimento de Igrejas com Propósitos no Brasil. Pondo em prática os cinco propósitos de Deus para sua igreja, plantando novas igrejas e inspirando outros por meio de conferências e eventos por todo o país, a Primeira Igreja Batista em São José dos Campos tem experimentado um tempo empolgante, com um crescimento exponencial e testemunhos incríveis do que Deus tem feito em seu meio. Recomendo vivamente que você leia esse importante livro e que coloque em prática seus ensinamentos. Você também pode liderar e servir em uma igreja saudável.

Deus está trabalhando continuamente em nossas vidas. Não importa se você é um pastor jovem ou alguém que tem o privilégio de estar servindo por um longo tempo, este livro o ajudará a considerar o chamado de Deus à sua liderança na igreja, à luz dos preceitos das Escrituras expressos no Grande Mandamento e na Grande Comissão e vivido na prática por meio do paradigma da Igreja com Propósitos. É uma jornada que vale a pena.

Minha oração é que você aprenda a surfar as ondas do mover de Deus para o seu tempo e sua geração, viva intencionalmente os propósitos de Deus; e que prepare com fé a Sua noiva para o Seu retorno, de forma que você ouça do Senhor: "muito bem, servo bom e fiel".

Pastor MARK CARVER
Diretor de Estratégia Global
The PEACE Plan
Igreja de Saddleback, Califórnia

Introdução

Testemunhei o movimento Propósitos chegar e espalhar-se por todo o Brasil. Faço parte da geração de líderes que recebeu, aplicou, colheu, celebrou e repartiu esses ensinamentos. Fui muitas vezes criticado e mal compreendido por essa decisão; contudo, fui abençoado e pude abençoar. Estou tão feliz e agradecido por isso que faria tudo novamente. Estou certo de que, mesmo que muitos pastores e muitas igrejas não utilizem a expressão "propósitos" oficialmente, a influência desse movimento em vidas e ministérios é irreversível. Ninguém poderá escrever a história da igreja evangélica brasileira do início do século XXI sem registrar e apontar o impacto e os benefícios do movimento Propósitos no Brasil.

No início, alguns imaginavam que se tratava de um modelo de igreja, enquanto outros pensavam estar diante de uma nova denominação. Com o passar dos anos, porém, todos perceberam que se tratava de um movimento bíblico e espiritual para gerar saúde e equilíbrio às igrejas de Cristo, reafirmando os grandes valores cristãos, por meio da Grande Comissão e do Grande Mandamento.

Desejo iniciar este livro com uma pergunta muito simples. Por que, afinal, precisamos de vidas e de igrejas com propósitos? A resposta é igualmente simples e objetiva. Porque nunca faremos nada corretamente se não soubermos de forma clara para que estamos neste mundo!

Está escrito: "Mas os planos do Senhor permanecem para sempre, os propósitos do seu coração, por todas as gerações" (Salmos 33.11). Temos muito claro o fato de que cada um de nós, e cada uma das nossas igrejas, precisa de saúde espiritual. Mas isso somente acontecerá se descobrirmos e vivermos de forma prática e intencional os propósitos de Deus para a nossa vida e a nossa comunidade espiritual.

Desde os primeiros contatos com os princípios da igreja com propósitos lendo o livro *Uma igreja com propósitos*, participando da conferência na Igreja de Saddleback nos EUA, e em especial ao começar a aplicar os princípios na minha igreja local, percebi que faltava um livro mais prático e detalhado sobre o assunto.

À medida que os anos se passaram, realizei, com outros colegas de todo Brasil, conferências por vários estados da federação, também mentoreando pastores e líderes de pequenas e grandes igrejas, e percebi que esse recurso estava realmente em falta.

Ao longo dos últimos doze anos, temos traduzido e publicado por intermédio da Editora Vida e de outras editoras cristãs todos os livros relevantes sobre vida, liderança, ministério e igreja com propósitos. Contudo, paralelamente a isso, eu entendia que o movimento tanto nos EUA quanto no Brasil, assim como nós, pastores e líderes das igrejas envolvidas, estavam passando por transformações e amadurecimento.

Agora, doze anos após o lançamento do livro *Uma vida com propósitos* em português, e já com dez anos de ministério estabelecido no Brasil, tendo observado e aplicado todos os ministérios, ferramentas e estratégias propostas, entendo que estamos prontos para entregar este trabalho à igreja brasileira e às igrejas de língua portuguesa ao redor do mundo.

Então, por que ser dirigido por propósitos? Naturalmente, você já percebeu que todo ser humano tem sempre uma ideia e um plano para executar, e não é diferente com o povo de Deus. Estamos sempre pensando em fazer algo, o que não é ruim em si. O problema é deixarmos de fazer o que Deus planejou para nós, passando a gerenciar as situações e ser dirigidos por percepções, ambições egoístas, modismos, hedonismo ou simplesmente boa vontade.

Você já parou para refletir que pode estar sinceramente errado no seu plano de vida? A linha que separa a vontade e o desejo humano da vontade perfeita de Deus é tênue: "O coração é mais enganoso que qualquer outra coisa e sua doença é incurável. Quem é capaz de compreendê-lo?" (Provérbios 17.9).

Precisamos encontrar o propósito de Deus para a nossa vida e a nossa igreja, e assim ser dirigidos por ele. Não teremos condições de fazer tudo o que gostaríamos nem tudo o que as pessoas esperariam de nós. Apenas realizaremos bem o que Deus planejou para cada um, como Paulo escreveu: "Porque somos criação de Deus realizada em Cristo Jesus para fazermos boas obras, as quais Deus preparou antes para nós as praticarmos" (Efésios 2.10).

Quando entendemos o sentido da nossa existência aqui, quando realizamos os planos de Deus e obedecemos à sua vontade, ele nos dá os recursos, as pessoas, os dons, os talentos, as habilidades, o tempo e as ferramentas necessárias para cumprirmos a nossa missão de vida e sermos abençoados.

Tenho vivido e compartilhado essa realidade desde 2001 por meio do Ministério Propósitos. Desde então, tenho me dedicado a ajudar pastores, líderes e igrejas a viverem uma vida saudável, entendendo e desfrutando o real sentido da vida. Fazemos isso de forma equilibrada e orgânica há mais de dez anos. Os frutos têm-se mostrado evidentes e de alta qualidade de norte a sul do Brasil. Deus tem usado essa estratégia bíblica para transformar vidas e igrejas.

Nosso trabalho e desejo é que cada igreja local seja um lugar no qual as pessoas de fato entendam por que estão neste mundo, sejam desafiadas diariamente a viver aquilo que o Senhor planejou para cada um de nós, permanecendo em Cristo e celebrando sua recuperação do mundo e da carne, dia após dia, na dependência do Espírito Santo de Deus.

O movimento de vidas e igrejas com propósitos tem ganhado força em todo o mundo. Mais de 400 mil pastores e líderes foram treinados diretamente pelo pastor Rick Warren na igreja de Saddleback, EUA. No Brasil, temos realizado centenas de conferências locais, regionais, estaduais e nacionais, além de editar e publicar recursos e campanhas para abençoar todo o país. Em apenas dez anos, foram diretamente inspirados, mobilizados e treinados mais de 50 mil pastores e líderes.

Para a contextualização deste material, é importante que todos os membros de nossas igrejas leiam *Uma igreja com propósitos* e *Uma vida com propósitos*, ambos publicados pela Editora Vida, e que estão embasados nas duas verdades fundamentais do Novo Testamento.

O Grande Mandamento:

> Respondeu Jesus: "'Ame o Senhor, o seu Deus de todo o seu coração, de toda a sua alma e de todo o seu entendimento'. Este é o primeiro e maior mandamento. E o segundo é semelhante a ele: 'Ame o seu próximo como a si mesmo'. Destes dois mandamentos dependem toda a Lei e os Profetas". (Mateus 22.37-40)

A Grande Comissão:

> "Portanto, vão e façam discípulos de todas as nações, batizando-os em nome do Pai e do Filho e do Espírito Santo, ensinando-os a obedecer a tudo o que eu lhes ordenei. E eu estarei sempre com vocês, até o fim dos tempos." (Mateus 28.19,20)

Juntas, essas duas passagens resumem os cinco propósitos de uma igreja bíblica. Falam a respeito de adoração ("Ame o Senhor, o seu Deus de todo o seu coração"); ministério ("Ame o seu próximo como a si mesmo"); evangelismo ("vão e façam discípulos"); comunhão ("batizando-os"); e discipulado ("ensinando-os a obedecer").

Uma igreja com propósitos equilibra seus ministérios, programas e estrutura em torno desses cinco propósitos bíblicos. Pautada nesses propósitos, torna-se uma igreja saudável, equilibrada, crescente e reprodutiva.

Uma igreja nunca será saudável se não for verdadeiramente dirigida pelos propósitos deixados por Jesus. Por isso, *Uma vida com propósitos* e *Uma igreja com propósitos* não se referem a um modelo de igreja ou a um programa, mas são princípios bíblicos atemporais que guiam e balizam toda a vida ministerial e administrativa da igreja.

Introdução

Este livro reflete a realidade do movimento desde a sua origem no Brasil até o momento atual. Naturalmente, por estarmos tratando de um movimento, ele é livre e dinâmico; além disso, não conheço de perto todas as igrejas, nem todos os pastores que têm empreendido ações relacionadas no Brasil. Portanto, não pretendo esgotar o assunto, tarefa que seria simplesmente impossível.

Temos aqui, todavia, um bom retrato e uma boa ferramenta para ajudar a afiar muitas outras e novas iniciativas que estão surgindo pelo país. Estou persuadido por Deus de que este livro será um rico instrumento para solidificar esses princípios em nossas vidas e igrejas, bem como para fazer ajustes e correções de curso nos processos de implementação em igrejas e ministérios.

Viva a sua única vida baseado nos eternos propósitos de Deus! Afinal, de contas, você não está aqui por acaso!

Boa leitura, reflexão e ação!

CARLITO PAES

PARTE 1

O contexto da igreja brasileira com propósitos

Capítulo 1
Breve histórico do movimento Propósitos no Brasil

Estou realmente feliz com o fato de você estar lendo este livro. Esperei mais de dez anos para escrever esta obra que faz parte da minha caminhada de vida pastoral. Passaram-se também catorze anos do início do movimento bíblico e espiritual de vida e igreja com propósitos no Brasil e no mundo de fala portuguesa.

Este livro foi elaborado para que, de forma objetiva, possa ajudar a esclarecer efetivamente o que é uma Igreja com Propósitos (ICP)[1] e como implantar esses princípios em uma igreja já estabelecida, independentemente de denominação, tamanho, idade e localização.

Trabalhamos estrategicamente para que esta obra fosse disponibilizada no valor mais acessível possível, a fim de agilizar sua indicação e distribuição a todos os interessados em conhecer melhor o que é e como funciona uma igreja com propósitos.

Nosso objetivo é ajudar pessoas que ainda não sabem o que é uma igreja com propósitos a encontrarem esclarecimentos para grande parte de suas dúvidas sobre o assunto. Os que já leram alguns livros e participaram de conferências sobre o tema também poderão fortalecer seus conhecimentos sobre o assunto. Tenho absoluta certeza de que a decisão de adquirir este livro abençoará a sua vida e a vida de muitas outras pessoas na sua comunidade.

Uma das coisas mais fantásticas no movimento ICP é a fácil adaptação e contextualização de seus princípios à realidade de cada igreja local. Isso se dá

---

[1] A sigla ICP designa uma ou várias Igrejas com Propósitos (singular e plural).

porque não se trata de um modelo eclesiástico ou de um paradigma baseado em filosofias humanas. Ter uma vida e uma igreja dirigida pelos eternos propósitos de Deus é uma forma natural de vida. O resultado da sistematização e aplicação desses princípios bíblicos é saúde, gerada pela sinergia e pelo equilíbrio entre os cinco propósitos divinos.

A igreja como organismo vivo tem enfrentado muitas enfermidades, todavia o Senhor da Igreja deseja que ela esteja saudável para cumprir sua missão integral neste mundo. Por isso mesmo, tem levantado pessoas como o pastor Rick Warren e os princípios de vida e igreja com propósitos para trazer saúde a seu corpo aqui na terra.

Ao longo da História da existência humana, Deus sempre trabalhou em parceria com homens e mulheres, seus mordomos na terra. Foi assim com Adão, Moisés, Josué, os profetas, os discípulos, os pais da igreja, os reformadores, os pregadores, os pastores, os leigos, os evangelistas e os líderes ao longo de toda a história da igreja.

Apesar dos seres humanos, essa estratégia divina tem funcionado pela graça de Deus nos dias de hoje. Deus tem levantando pastores como Rick Warren e Bill Hybels para atuarem como verdadeiros reformadores da igreja na pós-modernidade.

Podemos dizer que realmente estamos vivendo os tempos da Segunda Reforma da Igreja. A primeira, no século XVI, foi de natureza doutrinária. Já nos anos 2000, cinco séculos depois, estamos participando de uma reforma comportamental, uma reforma de agenda e de visão. Não tenho dúvidas de que aos poucos as pessoas perceberão que os propósitos funcionam e simplificam nossa vida de tal forma que seremos todos atraídos para esse estilo de vida bíblico.

Surfando nas ondas de Deus

Ainda para introduzir o tema, desejo compartilhar um pouco da recente história da Igreja com Propósitos no Brasil. O Brasil tem um dos maiores litorais do mundo e, por isso, de praia a maioria dos brasileiros entende bem.

Assim, vamos marcar a história de Igreja com Propósitos por meio das "ondas" enviadas por Deus nestes últimos dez anos.

1ª onda (1998): publicação do livro Uma igreja com propósitos

Em 1997, o pastor Ary Velloso recomendou à Editora Vida a publicação do livro *The Purpose Driven Church*, de autoria do pastor Rick Warren. A indicação foi logo aceita pela referida editora, que acreditou no projeto. A Vida lançou as primeiras edições em uma bela encadernação de luxo e capa dura. O livro foi publicado em janeiro de 1998 sob o endosso de vários líderes brasileiros, com destaque à apresentação do pastor Ary Velloso: "Depois do livro de Atos, aqui está o melhor, mais prático e o mais rico ensino sobre o crescimento da igreja".

A obra se tornou um sucesso, alcançando a marca de aproximadamente 50 mil exemplares vendidos em português. É importante destacar que o título já vendeu mais de 2 milhões de exemplares em inglês, além de estar traduzido para mais de 30 idiomas.

A tradução do título original *The Purpose Driven Church* seria literalmente *Uma igreja dirigida por propósitos*, mas em virtude de o verbo *dirigir* em português ser mais usado para expressar o ato de dirigir um veículo, optou-se por simplificar a tradução, adotando-se nas edições em espanhol e em português apenas *Uma igreja com propósitos*.

Podemos dizer que essa decisão teve consequências positivas e negativas. De um lado, o título gerou grande curiosidade por parte dos leitores, que logo se perguntavam: "E a minha igreja, não tem propósitos?". Por outro lado, até hoje algumas pessoas têm dificuldade em entender que é necessário mais do que simplesmente conhecer os propósitos; é preciso que eles passem a ser a força motriz da nossa vida e da nossa igreja.

Ser dirigido pelos propósitos de Deus é ser guiado e controlado por eles. O fato é que hoje, passados alguns anos, milhares de pastores tomaram conhecimento do livro e de seu conteúdo; muitos aplicaram parcialmente os princípios e conceitos em suas igrejas; e outros os adotaram integralmente.

Mesmo os que incorporaram parcialmente essa visão jamais poderão negar a influência e o impacto positivo que o livro trouxe a sua vida, a seu ministério e a sua igreja.

A obra já entrou para a história da igreja contemporânea e, sem dúvida alguma, reconheça-se ou não, marca uma era na história recente da igreja evangélica mundial e, da mesma forma, da igreja brasileira. Não poderemos no futuro falar da igreja sem nos reportarmos ao impacto dessa obra sobre algumas gerações de pastores, líderes e igrejas. O fato é simplesmente transformador.

Em 2008, a Editora Vida lançou uma nova edição do livro, revista e comemorativa aos dez anos da 1ª edição em português.

2ª onda (1999): Conferências "Purpose Driven Church" em Saddleback (Califórnia, EUA)

Em 1998, assim que o livro começou a ser vendido no Brasil, despertou-se o interesse dos brasileiros em participar das conferências na Igreja de Saddleback (Califórnia), realizadas pelo pastor Rick Warren. Desde então, alguns milhares de pastores e líderes brasileiros residentes nos Estados Unidos e no Brasil têm tomado parte em conferências anuais, que reúnem participantes de todo o mundo.

A participação crescente da comunidade brasileira impulsionou e inspirou centenas de líderes e pastores à visão de uma ICP. Aqui, é preciso destacar a preciosa colaboração na organização e nas traduções simultâneas dos pastores Billy Wesley L. Rios e Jay Gomes, este último parte atuante no colegiado pastoral da PIB em São José dos Campos.

3ª onda (2001): conferência do pastor Rick Warren no Brasil

O ano de 2001 começou muito bem para o avanço do movimento no Brasil com a realização de uma conferência nacional com a presença do pastor Rick Warren. Esse evento foi fundamental para a expansão dos princípios da ICP no Brasil. O idealizador dessa histórica e megaconferência foi o pastor J. Guy Key, missionário da International Mission Board e plantador de igrejas com propósitos na cidade do Rio de Janeiro.

O próprio Purpose Driven Ministry investiu recursos para subsidiar o evento. A conferência foi um sucesso, reunindo mais de 3.500 pastores e líderes no Rio Centro para ouvirem o pastor Rick Warren durante dois dias.

Nessa mesma conferência, foram publicadas e distribuídas as quatro Classes de Maturidade[2] (101, 201, 301 e 401), traduzidas pelo pastor Erasmo Vieira. Este pastor vem dando uma grande contribuição para expansão de ICP no Brasil, por meio de centenas de artigos, sermões e recursos traduzidos, bem como conferências ministradas em sua igreja local e por todo o Brasil.

Não tenho dúvidas de que o impacto daqueles dias no Rio de Janeiro se alastra ainda hoje pelo Brasil. Até os dias atuais, quando viajo ministrando conferências, encontro pastores que dão testemunhos do divisor de águas que aquele evento representou em sua vida ministerial. Certamente nem todos os que estiveram presentes aplicaram integralmente em seus ministérios os princípios da ICP; ainda assim, contudo, foram influenciados a buscarem uma igreja viva, saudável, relevante, voltada para os sem-igreja e capaz de responder às perguntas e dúvidas desta geração. De fato, esse evento e a leitura do livro-referência influenciaram definitivamente a igreja brasileira.

4ª onda (2001): conferências nacionais e regionais no Brasil

Sob a minha coordenação e com a cooperação e o esforço da equipe ministerial e pastoral da PIB em São José dos Campos (destacando a preciosa colaboração do pastor Ricardo Aurino dos Santos, um dos fundadores do Ministério Propósitos — Treinamento & Recursos, e do pastor J. Guy Key e da equipe ministerial e pastoral da Igreja Batista da Orla Sul, RJ), iniciou-se a partir de 2001 a realização de aproximadamente uma centena de conferências da ICP por todo o Brasil.

---

[2] V. capítulo 15.

Todo esse movimento reuniu mais de 15 mil pastores e líderes treinados. De norte a sul do país, foram realizados seminários de um a dois dias em centenas de igrejas. Sem dúvida, foram ações fundamentais para que os princípios se espalhassem por todo o território nacional.

É interessante lembrar também que todas as ações desenvolvidas pela PIB em São José dos Campos durante dois anos nunca receberam apoio financeiro do Purpose Driven Ministry. As igrejas brasileiras responsáveis pela organização das conferências investiam recursos próprios, enquanto todas as despesas administrativas do escritório do Ministério Propósitos eram de responsabilidade da PIB em São José dos Campos, uma vez que todos acreditávamos nesse movimento bíblico e natural de Deus.

Também se destacam as conferências nacionais realizadas pela PIB em São José dos Campos e pelo Ministério Propósitos. Esses encontros têm sido um marco no Brasil, reunindo milhares de pastores e líderes de todo o país, provenientes de centenas de igrejas e dezenas de denominações evangélicas.

5ª onda (2003): publicação do livro Uma vida com propósitos

Podemos dizer que a 5ª onda se transformou num verdadeiro *tsunami*, marcando profundamente o movimento no Brasil. Em setembro de 2003, foi lançada a edição brasileira do *best-seller Uma vida com propósitos*, que em oito anos bateu a marca de 1 milhão de cópias vendidas no Brasil. Com mais de 40 milhões de cópias vendidas no mundo e traduzido em mais de 40 línguas, as vendas continuam crescendo tanto nas livrarias e igrejas evangélicas quanto entre os católicos e no mercado secular.

Esse, que se revelaria um dos maiores livros cristãos de todos os tempos, nasceu para ser um clássico. Estou certo de que todas as gerações vindouras falarão sobre essa obra. O título trouxe ao pastor Rick Warren e ao movimento de vida e igreja com propósitos enorme visibilidade e influência em todo o mundo. Vale lembrar que o pastor Rick decidiu doar 90% de toda a arrecadação com as vendas para combater a aids e treinar líderes na África, especialmente em Ruanda.

6ª onda (2004): Campanha dos "40 Dias com Propósitos"

Em 29 de fevereiro de 2004, um total de 155 igrejas iniciou a campanha-piloto dos "40 Dias com Propósitos", alcançando excelentes resultados por ocasião do encerramento em 11 de abril do mesmo ano.

Após essa experiência-piloto, muitas outras levas de campanhas se seguiram. Conforme relatórios finais que temos recebido de campanhas realizadas em todo o Brasil, creio que estamos apenas no início desse verdadeiro avivamento. Temos certeza de que esta continuará sendo uma onda de Deus a invadir o Brasil para solidificar os princípios de uma vida e uma igreja com propósitos em nosso país.

Os relatos são muito tocantes e especiais, revelando igrejas saudáveis, que estão crescendo e se multiplicando, realizando muitos batismos e mudanças de local para espaços maiores, revelando um crescimento exponencial de pequenos grupos e no número total da membresia.

Os "40 Dias com Propósitos" visam o equilíbrio dos propósitos de Deus de forma pessoal na vida dos membros, o que de fato acontece no desenvolvimento da campanha.

Hoje, mais de 1.500 igrejas já realizaram esta campanha no Brasil e mais de 25 mil somente nos EUA.

7ª onda (2004): Prêmio Igreja Saudável

Mais de 250 igrejas em todo mundo já receberam o prêmio Igreja Saudável pelo Purpose Driven Church.

Em maio de 2004, duas igrejas brasileiras foram contempladas: a Comunidade Batista de Gravataí, RS (pastor Rogério Leite) e a PIB em São José dos Campos, liderada por este autor.

Em 2005, outras três igrejas brasileiras receberam o prêmio: a PIB em São João de Meriti, RJ (pastor José Maria de Souza), Igreja Batista Morada de Cambori, ES (pastor Erasmo Vieira) e Comunidade Litoral em Praia Grande, SP (pastor Marcos Pontes França).

Também no Brasil instituiu-se o prêmio nacional como forma de reconhecimento dos esforços empreendidos por igrejas que têm implantado com sucesso os princípios da ICP. Desde a primeira edição em 2005, sete igrejas receberam o prêmio no Brasil, entregue no mês de abril de cada ano por ocasião da Conferência Nacional de Igrejas Brasileiras com Propósitos (IBCP), hoje denominada Conferência Inspire.

Alguns críticos têm rotulado essa ação como uma suposta premiação de "qualidade total" para igrejas, o que, na verdade, revela certo desconhecimento da natureza do prêmio. A iniciativa tem por objetivo encorajar, honrar e reconhecer igrejas com propósitos que têm buscado a saúde, o equilíbrio e a excelência com base nos cinco propósitos de Deus. Reconhecemos, contudo, que a crítica faz parte da natureza humana e nesse caso específico nos ajudou a crescer, corrigir e aperfeiçoar as estratégias e os processos.

8ª onda (2005): o Plano PEACE

Trataremos deste tema mais profundamente no Capítulo 18, a seguir, mas por ora vale destacar sua relevância como marco no movimento das ICP.

O Plano PEACE é uma estratégia de Deus revelada ao pastor Rick Warren para que a igreja leve de forma integral e efetiva as bases desse plano ao mundo sem Cristo, desencadeando um verdadeiro avivamento na terra. Nesse sentido, o movimento está relacionado a uma segunda reforma da Igreja, considerando-se que, como mencionado anteriormente, a primeira foi uma reforma doutrinária, enquanto nos dias atuais o que precisamos não é uma reformar da fé, mas sim da ação da própria igreja.

A palavra inglesa *peace* significa "paz". Devido ao intenso uso pelos movimentos de paz mundial e ecologia, é notório que tenha passado a ser compreendida globalmente. Dentro do Plano PEACE, porém, é mais que uma palavra; trata-se de um acróstico que dá início a cinco palavras-chave dentro do plano:

P lantar igrejas com propósitos,
E quipar os líderes,
A ssistir os pobres,
C uidar dos doentes,
E ducar para a próxima geração.

Cada uma dessas estratégias visa responder objetivamente aos grandes gigantes mundiais que assolam a humanidade em nossos dias: carência espiritual, líderes autocentrados, pobreza, doença e ignorância.

O Plano PEACE não é uma organização, um plano político, uma denominação ou uma organização religiosa. Em fase de concepção e amadurecimento, toda a sua essência está direcionada à atuação da igreja local nessas cinco esferas.

Com a influência gerada pela publicação do livro *Uma vida com propósitos*, o pastor Rick Warren está chamando a atenção da mídia e das pessoas influentes do mundo para ajudar os que mais sofrem na terra em função do vazio espiritual, da liderança egocêntrica, da doença, da pobreza e da ignorância. Países inteiros, como Ruanda, estão abrindo as portas para o PEACE.

9ª onda (2006): Campanha "40 Dias de Comunidade"

Depois dos "40 Dias de Propósitos", cujo foco é aprender a viver os propósitos de Deus de forma pessoal, o pastor Rick Warren desenvolveu a campanha "40 Dias de Comunidade", para que a igreja entenda que "juntos somos melhores" na edificação de uma igreja saudável e que vai ao encontro da comunidade.

Essa campanha fortifica de forma especial os pequenos grupos (ou células) da igreja. Fazendo uso do *kit* e do livro *Juntos somos melhores*, a igreja experimenta de forma tremenda e incomparável o impacto de servir à comunidade.

Milhares de igrejas brasileiras já realizaram essa campanha, e o número cresce a cada dia. O livro-base da campanha, intitulado *Juntos somos melhores*, vendeu 17 mil exemplares na 1ª edição lançada pelo Ministério Propósitos.

A 2ª edição, pela Editora Vida, já bateu a casa dos 50 mil exemplares, e esse número não para de crescer.

10ª onda (2008): retorno do pastor Rick Warren ao Brasil

Após sete anos de sua primeira vinda ao Brasil, o pastor Rick Warren retornou em 2008, fomentando ainda mais o movimento no país. O pastor falou a 3 mil pastores e líderes numa grande conferência em São Paulo.

Na mesma temporada, reuniu milhares de pessoas em São José dos Campos, em Belo Horizonte — onde falou aos pastores do estado de Minas Gerais na Igreja Batista Getsêmani e na Igreja Batista da Lagoinha — e novamente em São Paulo, onde falou ao conselho de pastores do Estado na Assembleia de Deus do Bom Retiro. Essas conferências geraram uma nova grande onda do movimento no Brasil. Os benefícios desse grande impacto não podem ser mensurados.

11ª onda (2011): 1 milhão de exemplares de Uma vida com propósitos

Esse foi um feito histórico e inédito na literatura evangélica brasileira: em apenas oito anos de publicação, o livro *Uma vida com propósitos* atingiu a marca de 1 milhão de cópias vendidas no país.

Além disso, a obra derivada *Você não está aqui por acaso* já vendeu centenas de milhares de cópias, sem mencionar outros livros relacionados ao movimento que também alcançaram milhares de exemplares vendidos.

Sem dúvida, como o pastor Rick Warren escreveu em seu livro *Uma igreja com propósitos*, Deus envia suas ondas espirituais e cabe a nós decidirmos surfar em cada uma delas. Esta é uma nova onda no Brasil e no mundo. O grande movimento promovido por Deus fez esse livro se tornar um clássico na literatura cristã de língua portuguesa.

12ª Onda: Novas ondas

Hoje, por meio das campanhas "40 Dias de Propósitos" e "40 Dias de Comunidade" e da implantação do ministério Celebrando a Recuperação, as igrejas vivem um momento muito especial, cada uma contextualizando e adaptando os princípios gerais.

A implementação acontece, inclusive, com novos nomes e identidades. Por exemplo, da mesma forma que nos Estados Unidos a Conferência Purpose Driven passou a se chamar Radicalis, no Brasil a Conferência de Igrejas Brasileiras com Propósitos (IBCP), liderada pela PIB em São José dos Campos, ao completar 10 edições, passou a se chamar Conferência Inspire, pois entendemos que uma igreja com propósitos deve inspirar outras no alcance de sua visão.

Vamos aguardar, "pegar" e surfar as próximas ondas que Deus certamente nos enviará. As melhores e maiores ondas com Jesus ainda estão por vir, porque isso é um movimento, não um monumento!

Como está escrito, é promessa do Senhor:

> Àquele que é capaz de fazer infinitamente mais do que tudo o que pedimos ou pensamos, de acordo com o seu poder que atua em nós, a ele seja a glória na igreja e em Cristo Jesus, por todas as gerações, para todo o sempre! Amém! (Efésios 3.20,21).

Capítulo 2

Uma vida com propósitos: a essência de tudo

A Palavra de Deus afirma que tudo o que existe foi feito com um desígnio, um propósito divino: "Pois nele foram criadas todas as coisas nos céus e na terra, as visíveis e as invisíveis, sejam tronos ou soberanias, poderes ou autoridades; todas as coisas foram criadas por ele e para ele" (Colossenses 1.16). Isso significa que a sua e a minha vida foram feitas com um propósito divino.

A grande questão do sentido da vida pode ser respondida nesses termos, pois encontramos o real propósito da vida somente na pessoa de Deus. O filósofo ateu Bertrand Russell declarou: "A menos que se admita a existência de Deus, a questão que se refere ao propósito para a vida não tem sentido".

Tudo começa na pessoa de Deus, não em você! Como diz a célebre frase do pastor Rick Warren, "Você não é o foco!".[1] Nosso propósito de vida deve ser encontrado em Deus.

Como essa vida se apresenta? Podemos encontrar a essência de uma vida pautada pelos propósitos de Deus nos versos de Efésios 1.11,12:

> Nele fomos também escolhidos, tendo sido predestinados conforme o *plano* daquele que faz todas as coisas segundo o propósito da sua vontade, a fim de que nós, os que primeiro esperamos em Cristo, sejamos para o louvor da sua glória (grifo do autor).

---

[1] **Uma vida com propósitos**, p. 14.

Neste precioso trecho das Escrituras, identificamos quatro verdades sobre o verdadeiro sentido da vida na terra. São quatro aspectos de uma vida que revela o fato de que tudo começa e faz sentido em Deus, não na vida em si, alcançando assim, seu pleno potencial: 1) Descobrindo sua identidade; 2) Descobrindo seu propósito; 3) Descobrindo que existe um relacionamento espiritual; e 4) Crendo que a eternidade é real.

Descobrindo sua identidade

Uma vida que vive os propósitos de Deus deve responder a uma questão essencial: Quem sou eu? Qual é a minha identidade? Acima de qualquer definição, é preciso acreditar que, antes de tudo, você é uma criação especial de Deus. Lemos nas Escrituras: "[...] vocês foram ensinados [...] a serem renovados no modo de pensar e a revestir-se do novo homem, criado para ser semelhante a Deus em justiça e em santidade provenientes da verdade" (Efésios 4.22-24).

É necessário entender plenamente que a pessoa de Jesus habita em você e isso faz de você um novo homem, uma nova mulher. Jesus afirmou em João 15.5: "Pois sem mim vocês não podem fazer coisa alguma". Vivemos em completa dependência dele.

Em Efésios 1.11, encontramos: "Nele fomos também escolhidos". Uma pessoa que entende o propósito divino para sua vida sabe que foi escolhida por Deus para ter essa nova identidade em Cristo.

Descobrindo seu propósito

O primeiro capítulo de Efésios continua: "[...] tendo sido predestinados conforme o plano daquele que faz todas as coisas segundo o propósito da sua vontade" (v. 11).

Esse verso diz respeito ao propósito da nossa vida. O que estamos fazendo aqui? Para que você está vivendo seus breves anos na terra? A verdade é que você está aqui para cumprir uma missão divina (Efésios 2.10).

Ao contrário do que muitas pessoas pensam, não fomos criados para nossa própria autorrealização. Você não foi feito para vender carros, construir prédios, defender causas humanas ou assumir qualquer outra ocupação, apesar de temporariamente realizar essas atividades. Tudo quanto fazemos em nossa vida deve ser encarado como um meio, não como um fim em si mesmo. Existe um propósito muito maior para a sua existência neste mundo.

Os muitos livros de autoajuda disponíveis no mercado, por mais que prometam ajudar, como o nome sugere, na realidade são incapazes de resolver a grande questão da vida das pessoas. Estão focados no ser humano, não em Deus.

O verdadeiro segredo por trás do propósito da nossa vida é o sacrifício: o sacrifício da entrega, da renúncia e da fé. Jesus afirma em Mateus 16.25: "Pois quem quiser salvar a sua vida, a perderá, mas quem perder a sua vida por minha causa, a encontrará".

Descobrindo que existe um relacionamento espiritual

O texto de Efésios 1 prossegue: "[...] a fim de que nós, os que primeiro esperamos em Cristo [...]" (v. 12). É preciso descobrir que existe um relacionamento de ordem espiritual. Não se trata de religião, mas de um relacionamento.

Essa era a proposta de Jesus para as pessoas. No relato de João 21.15, vemos a postura de Jesus para com Pedro: "Depois de comerem, Jesus perguntou a Simão Pedro: 'Simão, filho de João, você me ama mais do que estes?' Disse ele: 'Sim, Senhor, tu sabes que te amo' ". A Bíblia também afirma em 2João 1.3 que "a graça, a misericórdia e a paz da parte de Deus Pai e de Jesus Cristo, seu Filho, estarão conosco em verdade e em amor".

Observe que Jesus propõe um relacionamento de amor. Alguém que entende o propósito divino precisa crer que Deus já pensava a seu respeito muito antes que essa pessoa pensasse. Deus, por meio de Cristo, deseja desenvolver um relacionamento pessoal de amor e intimidade; se alguém recusa entregar-se a esse amor, nunca entenderá o propósito de sua vida.

Crendo que a eternidade é real

A eternidade é uma realidade. E o Reino de Deus que se estende pela eternidade também é real, algo disponível para nós. Assim lemos em 2Pedro 1.11: "[...] vocês estarão ricamente providos quando entrarem no Reino eterno de nosso Senhor e Salvador Jesus Cristo".

Entendemos pelas Escrituras que o Reino é revelado em nossa vida por intermédio da igreja. Efésios 3.10,11 afirma:

> A intenção dessa graça era que agora, *mediante a igreja*, a multiforme sabedoria de Deus se tornasse conhecida dos poderes e autoridades nas regiões celestiais, de acordo com o seu eterno plano que ele realizou em Cristo Jesus, nosso Senhor.

Vemos aqui que a Igreja nos revela poder e autoridade nas regiões celestiais, de acordo com o eterno plano de Deus. Uma pessoa que entende seu propósito sabe que Deus tem um Reino e um plano eterno para sua vida.

Paulo afirma: "A mentalidade da carne é morte, mas a mentalidade do Espírito é vida e paz" (Romanos 8.6). E ainda: "Assim, fixamos os olhos, não naquilo que se vê, mas no que não se vê, pois o que se vê é transitório, *mas o que não se vê é eterno*" (2Coríntios 4.18).

É preciso escolher: a carne e a morte, ou o Espírito e a vida. A revelação de Efésios 1 é concluída desta forma: "[...] sejamos para o louvor da sua glória" (v. 12). Ser para o louvor da glória de Deus está relacionado à eternidade, à escolha pessoal pelo Espírito e por sua vida.

Você não é um acidente

As pessoas têm crido que sua existência não passa de um fruto do acaso. Mas o que lemos na Bíblia é:

> Assim diz o Senhor,
>   aquele que o fez,
>   que o formou no ventre, e que o ajudará:
> Não tenha medo, [...] meu servo,
>   [...] a quem escolhi (Isaías 44.2).

E ainda: "O Senhor cumprirá o seu propósito para comigo!" (Salmos 138.8).

Você não é um acidente. Como disse Albert Einstein, "Deus não joga dados". É preciso entender que o nascimento de alguém não é um erro ou uma casualidade. Você pode até ter nascido sem um planejamento familiar de seus pais; ainda assim, sua existência já fazia parte dos planos de Deus.

Deus nos planejou com muito cuidado e carinho, determinando nosso tipo físico, a cor da nossa pele e do nosso cabelo, nossa habilidade natural, nossa altura e nosso peso (por vezes também decidimos nesse último quesito!), o dia em que nascemos e o dia em que partiremos. Está escrito:

> Meus ossos não estavam escondidos de ti
> > quando em secreto fui formado
> > e entretecido como nas profundezas da terra.
>
> Os teus olhos viram o meu embrião;
> > todos os dias determinados para mim
> > foram escritos no teu livro
> > antes de qualquer deles existir (Salmos 39.15,16).

Note a extraordinária declaração feita pelo dr. Michael Denton, pesquisador em Genética Humana da Universidade de Otago, na Nova Zelândia: "Todas as evidências disponíveis nas ciências biológicas apoiam a teoria básica de que o universo como um todo foi especialmente criado tendo a vida e a humanidade como principal objetivo e propósito".[2]

O que esse pesquisador chama de teoria, nós chamamos de revelação:

> Pois assim diz o Senhor,
> > que criou os céus, ele é Deus;
>
> que moldou a terra e a fez,
> > ele fundou-a;
>
> não a criou para estar vazia,
> > mas a formou para ser habitada;
>
> ele diz: "Eu sou o Senhor,
> > e não há nenhum outro" (Isaías 45.18).

---

[2] **Uma vida com propósitos**, p. 21.

Toda a criação existe para glória de Deus e para abençoar a nossa vida! Só seríamos um acidente se Deus não existisse. No entanto, ele existe e, mais do que isso, ele nos criou para sermos amados por ele.

Essa declaração de fé implica que o propósito de Deus levou em conta o erro humano, assim como o pecado no mundo. Deus não comete erros e nada o pega de surpresa!

Por mais que tenha havido escolhas erradas e consequências tristes em função dessas escolhas, sempre é tempo de rever e reconstruir. Sempre é tempo de nos voltarmos para Deus e recuperarmos seus propósitos para nossa vida.

Deus prova contundentemente que não somos acidentes, demonstrando que se importa realmente conosco. Podemos apontar ao menos cinco maneiras pelas quais podemos entender biblicamente esta verdade.

Primeiro, é uma verdade bíblica que *Deus ama você*. Efésios 5.2 afirma: "Cristo nos amou e se entregou por nós como oferta e sacrifício de aroma agradável a Deus". Esse amor forte e eterno é descrito por Paulo em Romanos 8.37-39:

> Mas, em todas estas coisas somos mais que vencedores, por meio daquele que nos amou. Pois estou convencido de que nem morte nem vida, nem anjos nem demônios, nem o presente nem o futuro, nem quaisquer poderes, nem altura nem profundidade, nem qualquer outra coisa na criação será capaz de nos separar do amor de Deus que está em Cristo Jesus, nosso Senhor.

Em segundo lugar, temos a verdade bíblica de que *Deus perdoa você*. O salmista declara: "É ele que perdoa todos os seus pecados" (Salmos 103.3). Lemos ainda em 1João 2.1: "Se, porém, alguém pecar, temos um intercessor junto ao Pai, Jesus Cristo, o Justo".

Em terceiro lugar, vemos que *Deus cura suas feridas*. No mesmo salmo citado anteriormente, lemos que Deus "cura todas as suas doenças". Isso inclui feridas emocionais, relacionais e físicas. E, ao nos trazer cura, Deus também nos traz renovação, pois os v. 4-5 continuam:

> [...] que resgata a sua vida da sepultura
> e o coroa de bondade e compaixão,
> que enche de bens a sua existência,
> de modo que a sua juventude
> se renova como a águia.

Em quarto lugar, também podemos entender que Deus nos ama pelo fato de que *ele redime a sua vida dos pecados*. Gálatas 3.13 afirma que "Cristo nos redimiu da maldição", e ainda, em Lucas 1.68: "Louvado seja o Senhor, o Deus de Israel, porque visitou e redimiu o seu povo".

Por fim, em quinto lugar, *Deus resgatou a sua vida*. Colossenses 1.13,14 afirma: "Pois ele nos resgatou do domínio das trevas e nos transportou para o Reino do seu Filho amado, em quem temos a redenção, a saber, o perdão dos pecados".

Estávamos sob o domínio das trevas, mas fomos transportados para a luz. Não somos acidentes, mas um projeto especial de Deus. Há um plano da parte de Deus para cada vida sobre a terra. Efésios 3.11-13 assegura:

> [...] de acordo com o seu *eterno plano* que ele realizou em Cristo Jesus, nosso Senhor, por intermédio de quem temos livre acesso a Deus em confiança, pela fé nele. Portanto, peço-lhes que não desanimem por causa das minhas tribulações em seu favor, pois elas são uma glória para vocês.

Uma vida que cumpre os propósitos de Deus entende que ele tem um plano eterno e não desanima em meio às tribulações. Não somos acidentes, mas sim escolhidos de Deus.

O que dirige a sua vida?

Tudo quanto se move na terra é dirigido, movido, guiado ou direcionado por algum tipo de força. Pense em um carro que se locomove ou um prego que entra na madeira; absolutamente tudo é dirigido por uma força. Assim também acontece conosco. A pergunta essencial é: Qual força tem guiado a sua vida?

Existem centenas de tipos diferentes de circunstâncias, valores e emoções que podem dirigir a vida das pessoas. Desejo destacar apenas alguns deles.

1. Pessoas guiadas pela culpa

A culpa tem impulsionado a vida de milhares de pessoas. Elas têm de lidar com uma pressão terrível. Essa força as faz tentar fugir o tempo todo do remorso e ocultar a todo custo sua vergonha. Ainda assim, a culpa persiste em sua vida, pautando decisões e atitudes.

É verdade que somos produto do nosso passado, no entanto a Palavra de Deus ensina que não podemos ser prisioneiros do que se foi. O propósito de Deus nunca está restrito ao passado, muito pelo contrário. Personagens com passado obscuro como Moisés, Davi, Paulo, e tantos outros, comprovam essa verdade. Certamente, a culpa não é o que dirige uma vida que cumpre os propósitos de Deus: "Como é feliz aquele a quem o Senhor não atribui culpa" (Salmos 32.2).

2. Pessoas guiadas pelo rancor

Lamentavelmente, muitas pessoas são dirigidas pelo rancor, pela mágoa e pela raiva. Em vez de revigorarem seu coração com o amor e o perdão, são escravas de uma mente recalcitrante que se apega à mágoa e jamais consegue superá-la. Quem vive guiado pelo rancor revive continua e diariamente a mesma situação de ofensa, fechando-se em si mesmo e interiorizando sentimentos, até eventualmente extrapolá-los sobre os outros.

A verdade é que o rancor fere muito mais a quem o carrega do que qualquer outra pessoa. Quem magoou você no passado continuará a fazê-lo, a menos que você decida superar tal situação e virar essa página da sua vida. Nada pode mudar o passado, mas a decisão de hoje determinará seu futuro. Como lemos em Jó 5.2: "O ressentimento mata o insensato, e a inveja destrói o tolo".

3. Pessoas guiadas pelo medo

O medo tem sido a força motriz em muitas vidas. Pessoas que vivem dessa forma sempre acabam perdendo grandes oportunidades, pois não aceitam correr riscos. O medo acaba por paralisá-las.

A raiz do medo geralmente está na vida familiar ou na formação da pessoa em contextos de repressão, limitação e traumas. Cuidado para que o medo não o impeça de tornar-se o que Deus deseja que você seja.

Lemos em 1João 4.18 uma preciosa verdade: "No amor não há medo; ao contrário o perfeito *amor expulsa o medo,* porque o medo supõe castigo. Aquele que tem medo não está aperfeiçoado no amor".

4. Pessoas guiadas pelo materialismo

As próprias Escrituras descrevem pessoas dirigidas pelo materialismo. Observe o que diz Mateus 6.24: "Ninguém pode servir a dois senhores; pois odiará um e amará o outro, ou se dedicará a um e desprezará o outro. Vocês não podem servir a Deus e ao Dinheiro".

A palavra "Dinheiro" usada nesse verso vem do grego *Mamon*. Pessoas que são guiadas pelo materialismo acreditam não ter um "deus", mas não poderiam estar mais enganadas. *Mamon* é seu deus!

Afinal, há pessoas que não conseguem dar um passo até que fale em valores monetários. São pessoas que vivem primeiramente para o trabalho, pois ali é o lugar no qual recebem seu dinheiro, e ao mesmo tempo, querem distância da igreja, pois ali é o lugar de pura doação.

A verdade é que ninguém jamais será mais feliz por ter mais bens, ser mais importante ou por estar mais protegido. Precisamos entender isso de uma vez por todas: as posses são capazes de promover uma felicidade apenas passageira e temporária.

No que diz respeito a coisas materiais, sempre queremos coisas novas e melhores, como celulares menores e carros maiores. Contudo, apenas Jesus é capaz de nos satisfazer plenamente, pois ele é o mesmo ontem, hoje e será o mesmo amanhã. Todo o resto é ilusão.

5. Pessoas guiadas pela aprovação

A aprovação tem sido a verdadeira base da vida de muitas pessoas na nossa sociedade. Muitos vivem em função da aprovação dos outros, dirigidos pelas expectativas dos pais, cônjuges, filhos, professores e amigos. Todos, menos eles mesmos, acabam por controlar sua vida e agenda.

Há filhos adultos que vivem na tentativa de obter aprovação de seus pais em tudo o que fazem e, na verdade, nunca sentem que os satisfizeram. Outros vivem pensando em sua reputação social, pautados pela famosa expressão: "O que os outros vão pensar de mim?".

Infelizmente, aqueles que seguem a multidão acabam perdidos nela! Como bem disse o pastor Rick Warren: "Não conheço todas as chaves do sucesso, mas uma chave para o fracasso é tentar agradar a todos".[3]

Se você não decidir quem vai dirigir sua vida, chegará ao final dela indeciso, perdido e sem realização. A verdade é que você não tem tempo nesta terra para fazer tudo o que as pessoas querem que você faça; você só tem tempo para fazer o que Deus deseja que você faça!

Isso nos leva a uma verdade fundamental: precisamos que nossa vida seja guiada e dirigida tão somente pelos eternos propósitos de Deus!

A vida segundo os propósitos de Deus

Quando experimentamos uma vida pautada pelos propósitos de Deus, todo esse cenário de culpa, rancor, medo, materialismo e desejo de aprovação muda. Uma vida segundo os propósitos de Deus é frutífera, feliz e produtiva.

Esse tipo de vida reduz o nível de frustração com o qual uma pessoa tem de lidar. Quando você foca a sua vida no que Deus deseja que você faça, não vive mais frustrado. Quem não tem propósito na vida é como a pessoa descrita em Tiago 1.8: "[...] tem mente dividida e é instável em tudo o que faz".

Pessoas que vivem cansadas e frustradas em sua jornada insistem em realizar o que Deus não planejou para elas, por isso carregam um fardo.

---

[3] **Uma vida com propósitos**, p. 25.

Isaías fez a seguinte declaração a Deus: "Tenho me afadigado *sem qualquer propósito; tenho gastado minha força em vão e para nada.* Contudo, o que me é devido está na mão do SENHOR, e a minha recompensa está com o meu Deus" (Isaías 49.4) O profeta admite que a única coisa que traz real significado e propósito a sua vida está nas mãos de Deus, não em nós mesmos.

Uma vida segundo os propósitos de Deus incrementa a nossa motivação. Sem uma direção clara, nossos dias simplesmente passam, e muito depressa. Jó foi alguém que vivenciou essa experiência: "Meus dias correm mais depressa que a lançadeira do tecelão, e chegam ao fim sem nenhuma esperança" (Jó 7.6).

Por outro lado, quando a nossa vida é dirigida pelos propósitos de Deus, experimentamos perspectiva e futuro: " 'Porque sou eu que conheço os planos que tenho para vocês', diz o SENHOR, 'planos de fazê-los prosperar e não de lhes causar dano, planos de dar-lhes esperança e um futuro' " (Jeremias 29.11).

A vida pautada nos propósitos de Deus também é capaz de aumentar nossa concentração e nosso foco. Quem tem uma vida com propósitos é capaz de viver concentrado em alcançar o alvo principal de sua vida e missão, os quais são encontrados em Cristo. O apóstolo Paulo vivia dessa forma:

> "Irmãos, não penso que eu mesmo já o tenha alcançado, mas uma coisa faço: esquecendo-me das coisas que ficaram para trás e avançando para as que estão adiante, prossigo para o alvo, a fim de ganhar o prêmio do chamado celestial de Deus em Cristo Jesus" (Filipenses 3.13,14).

Paulo afirma que você não pode seguir em direção ao plano de Deus olhando para trás. Você precisa esquecer-se das coisas que ficaram no passado: uma derrota, uma frustração, um erro, uma escolha errada, um pecado. Deus nos chama a abandonar tudo isso para focarmos em Jesus e em seus propósitos.

Ao conhecer os propósitos de Deus para a nossa vida, encontramos um sentido para ela. Sem Jesus, a vida simplesmente não faz sentido! Lembre-se: a maior de todas as desgraças não é a morte, mas uma vida sem propósitos.

Vivendo a plenitude dos planos de Deus para nós, vivemos uma vida de esperança. Efésios 3.20 afirma que: "Àquele que é capaz de fazer infinitamente mais do que tudo o que pedimos ou pensamos, de acordo com o seu poder que atua em nós [...]". Ao vivermos os propósitos de Deus, sabemos que ele trabalha para que seu plano se cumpra em nossa vida, ultrapassando tudo o que pensamos ou imaginamos.

Viver os propósitos de Deus também é viver uma vida mais simples. Eles definirão o que você faz ou deixa de fazer aqui na terra. A cada decisão, você pode questionar: "Esse ato me ajuda a cumprir o meu propósito de vida?". Isaías 26.3 fala dessa estabilidade e firmeza de propósito: "Tu, SENHOR, guardarás em perfeita paz aquele cujo propósito está firme, porque em ti confia".

A Bíblia ainda exorta: "Portanto, não sejam insensatos, mas procurem compreender qual é à vontade do Senhor" (Efésios 5.17). Sem os propósitos de vida bem definidos, você continuará a alterar seus rumos, seu emprego, seus conceitos, sua igreja e tantas outras coisas. Porém, ao entender claramente os propósitos de Deus, você pode simplesmente focar neles e vivê-los.

Finalmente, uma vida com propósitos ajuda a nos prepararmos para a eternidade. O texto de Romanos 14.10-12 esclarece esse tema:

> [...] Pois todos compareceremos diante do tribunal de Deus. Porque está escrito:
> "'Por mim mesmo jurei',
>   diz o Senhor,
> 'diante de mim
>   todo joelho se dobrará
>   e toda língua confessará
>   que sou Deus'".

Assim, cada um de nós prestará contas de si mesmo a Deus.

Não fomos colocados neste mundo para sermos lembrados futuramente. Fomos criados para nos prepararmos para a eternidade ao lado do Pai, após uma vida de relevância e sentido, cumprindo os propósitos de Deus.

Parte 2

Fundamentos da igreja com propósitos

Capítulo 3

Respondendo aos mitos sobre a igreja com propósitos

Ao falarmos sobre uma igreja com propósitos (ICP), por vezes deparamos com muita confusão acerca do que isso realmente significa e implica. Infelizmente, por ignorância, por informações erradas ou mesmo pelo preconceito de se tratar de um suposto modismo norte-americano, algumas pessoas desconhecem o que de fato é uma ICP.

As afirmações a seguir mostram algumas das principais falácias e concepções errôneas sobre o que é uma ICP. Nós elencamos aqui com o intuito de ajudar você, de forma muito prática, a desmistificar alguns pontos em torno desse assunto.

Mito 1: "A ICP é apenas para um 'público contemporâneo' "

Ser uma ICP não tem a ver com ser uma igreja contemporânea, mas sim com ser uma igreja bíblica e eterna. Os cinco propósitos da igreja, apresentados por Jesus Cristo no Grande Mandamento e na Grande Comissão, são todos eternos e nunca saem de moda. Os propósitos de Deus não são uma questão de gosto ou preferência pessoal. Qualquer igreja que deixa de cumprir os propósitos que Jesus estabeleceu não é realmente uma igreja!

Mito 2: "Isso não funciona aqui"

Há literalmente uma variedade de milhares de ICP: ICP pós-moderna; ICP étnica e ICP de grupos linguísticos. Existem até mesmo ICP direcionadas a grupos como sertanejos, solteiros, artistas e surfistas. Há ICP para construtores, para a Geração X e para a Geração Milênio. Essas igrejas estão localizadas em toda a parte, ao redor do mundo, em mais de 100 países. A prática tem comprovado que os princípios bíblicos da ICP se aplicam a diferentes realidades e culturas, não havendo motivos para acreditar que não se adequariam à sua realidade particular.

Mito 3: "A ICP é uma abordagem 'sensível ao não cristão'"

As ICP de fato são comprometidas com o evangelismo, um dos cinco propósitos bíblicos; porém, não estão relacionadas a um método particular ou a um tipo específico de culto. Milhares de ICP, inclusive, *não* trabalham com cultos exclusivamente direcionados para pessoas que estão conhecendo o evangelho, mas realizam o propósito do evangelismo de muitas outras maneiras. Essa percepção da ICP, portanto, é limitada, parcial e inconsistente com a realidade maior do evangelismo segundo os propósitos de Deus.

Mito 4: "A ICP não tem o meu estilo de adoração"

Da mesma forma, as ICP não estão vinculadas a um formato específico de adoração. Não importa se o seu estilo de adoração é litúrgico, tradicional, contemporâneo, sertanejo, carismático ou informal. O que importa é que ele combine com as pessoas que você está tentando alcançar na comunidade.

Mito 5: "A ICP só serve para igrejas grandes"

Existem ICP de todos os tamanhos e formas. A estratégia da ICP concentra-se em equilíbrio, saúde e força, não em tamanho ou forma. Não há nenhuma correlação entre o tamanho e a força de uma igreja. A ICP é uma ênfase na saúde da igreja, não um programa para igrejas gigantes.

Mito 6: "A ICP só funciona em um local que..."

Não existem condições físicas necessárias para a existência de uma ICP. Na realidade, encontramos ICP em todos os tipos de lugares: áreas rurais, cidades pequenas, áreas de subúrbio, centros urbanos e metrópoles.

Como mencionamos anteriormente, existem ICP localizadas em todas as partes do mundo.

Mito 7: "A ICP precisa ser aprovada pela denominação'

A ICP não está vinculada a uma denominação específica. Existem ICP em mais de 100 denominações e associações de igrejas ao redor do mundo, bem como em igrejas locais independentes ou denominacionais. Portanto, esse fator não influi em sua implementação e atividade.

O que é, afinal, uma igreja com propósitos?

Uma ICP é aquela que se apoia nas bases fundamentais da Bíblia: o Grande Mandamento e a Grande Comissão de Jesus Cristo. É uma igreja saudável, independentemente de tamanho, contexto, denominação, localização e estrutura.

O Grande Mandamento foi dado por Jesus em resposta a uma pergunta. Certo dia, pediram que Jesus apontasse o mandamento mais importante. Ele respondeu dizendo algo parecido com: "Eis aqui todo o Antigo Testamento em uma só declaração. Darei a vocês o resumo da Palavra de Deus. Toda a Lei e os Profetas podem ser condensados em duas tarefas: amar a Deus de todo o seu coração e ao próximo como a si mesmo".

Mais tarde, em uma de suas últimas instruções aos discípulos, Jesus proferiu a Grande Comissão e entregou-lhes mais três tarefas: ir e fazer discípulos, batizá-los e ensiná-los a obedecer a tudo quanto ele tinha ensinado.

O Grande Mandamento:

> Respondeu Jesus: "'Ame o Senhor, o seu Deus de todo o seu coração, de toda a sua alma e de todo o seu entendimento'. Este é o primeiro e maior mandamento. E o segundo é semelhante a ele: 'Ame o seu próximo como a si mesmo'. Destes dois mandamentos dependem toda a Lei e os Profetas" (Mateus 22.37-40).

A Grande Comissão:

> "Portanto, vão e façam discípulos de todas as nações, batizando-os em nome do Pai e do Filho e do Espírito Santo, ensinando-os a obedecer a tudo o que eu lhes ordenei. E eu estarei sempre com vocês, até o fim dos tempos" (Mateus 28.19,20).

Juntas, essas duas passagens resumem os cinco propósitos de uma igreja bíblica:

1. **Adoração**: "Ame o Senhor, o seu Deus de todo o seu coração".
2. **Ministério**: "Ame o seu próximo como a si mesmo".
3. **Evangelismo**: "Vão e façam discípulos".
4. **Comunhão**: "Batizando-os".
5. **Discipulado**: "Ensinando-os a obedecer".

Uma igreja com propósitos, portanto, equilibra seus programas e sua estrutura em torno desses cinco propósitos. É uma igreja saudável, equilibrada, crescente e reprodutiva, de forma bem simples e natural.

Erros da liderança na transição para uma igreja com propósitos

Uma igreja nunca será saudável se não for verdadeiramente dirigida pelos propósitos deixados por Jesus para nós. O que lamentavelmente tem ocorrido em algumas igrejas em diferentes lugares do Brasil é a falha em viver esses mandamentos de forma eficaz. São erros comuns que eu gostaria de elencar a seguir, na tentativa de ajudar você a evitá-los.

1. Ignorar as enfermidades da igreja

Infelizmente, muitos pastores e líderes desconhecem ou ignoram as enfermidades de suas igrejas. Tentam passar a uma segunda fase sem antes resolver a primeira e primordial. Quando ignoramos nossas doenças, elas podem perdurar por anos e anos, sugando lentamente o vigor e a energia da igreja e atraindo ainda mais doenças.

Certa vez um pastor amigo me disse: "Pastor Carlito, vejo que esses princípios são bíblicos e realmente funcionam, mas preciso antes tratar da saúde da minha igreja. O meu povo sofre de duas enfermidades: maledicência e avareza. Assim que curarmos essas doenças, iniciarei a transição". Assim ele fez, e após um ano iniciou a transição para uma ICP. Hoje sua igreja vive um tempo abençoado, crescente e transformador em sua cidade.

Tenho visto que muitas igrejas estavam doentes bem antes de conhecerem os princípios da ICP, todavia a enfermidade só se manifestou na crise de transição, e quem acabou levando a "culpa" por todos os erros foi a ICP.

2. Desprezar o poder da liderança pastoral

Dificilmente você terá uma ICP se o líder da igreja, isto é, o pastor principal, ignorar a importância e o poder da liderança pastoral nesse processo. Eu a qualifico com uma única palavra: indispensável!

A transição efetiva e benfeita para uma ICP, que seja realmente eficaz e eficiente, é uma tarefa tão desafiadora que, sem o envolvimento total do pastor sênior, a transição não terá êxito completo. Encontrei um pastor que me disse: "Isso funciona mesmo, mas dá muito trabalho e precisamos pagar um preço alto". Realmente, na maioria dos casos, essa afirmação é verdadeira, devo concordar com ele. Mas não é a regra. Dependerá, de um lado, da cultura da igreja e, do outro, da liderança do pastor sênior.

3. Ignorar a influência e importância da liderança local

Aqui, temos o outro lado da moeda. Alguns pastores não ignoram a relevância de sua liderança, mas ignoram a liderança da igreja e saem atropelando a todos e rompendo com os vínculos já estabelecidos. É importante frisar que a sabedoria, o equilíbrio e o bom senso do líder são fundamentais no processo. Indico aqui o livro *A transição*, de Dan Southerland,[1] que trata com mais detalhes dessa questão.

---

[1] SOUTHERLAND, Dan. **A transição:** conduzindo pessoas no processo de mudanças. São Paulo: Vida, 2007. Para mais informações, consulte a "Biblioteca Propósitos", ao final do livro.

Encontrar o equilíbrio entre esclarecer, ouvir, andar, caminhar e explicar o processo é tarefa de todo líder. Seu papel é estabelecer o equilíbrio, sem deixar que as pessoas que sentem "donas do poder" ajam para determinar a visão da igreja. Esse é o ponto crucial.

4. Resolver conflitos existentes anteriormente

Todo líder precisa estar atento aos relacionamentos dentro da igreja. Devem ser relacionamentos saudáveis, porque do contrário mais cedo ou mais tarde os problemas emergirão com força total entre as pessoas, gerando muita dor e aborrecimento. Geralmente o processo de transição é um tempo propício para as pessoas revelarem traumas e crises que não estejam curados, mostrando, na verdade, consequências e não causas de conflitos.

5. Tentar estabelecer mudanças de uma única vez

Mudanças devem ser implantadas em etapas e fases, porque acontecem ao longo de um processo. Impor mudanças de uma única vez certamente gerará dor, sofrimento, cisão e perdas. Algumas perdas ocorrerão, mas é necessário minimizá-las durante o processo. Na transição da minha igreja local, algumas famílias deixaram a igreja, todavia as perdas foram muito pequenas diante do tamanho da empreitada.

Todo o processo de mudança deve ser implantado de forma gradativa, com muito temor a Deus por parte do líder, procurando levar o povo sob oração, comunicação e visão de Deus, indo de parte a parte, do menor para o maior, do menos visível para o mais visível, do pequeno para o evidente, celebrando cada vitória, tanto as pequenas quanto as grandes. Tentar fazer todas as mudanças de uma só vez é desastre na certa. A precipitação e a inflexibilidade do líder se voltarão contra ele mais cedo ou mais tarde.

6. Implantar os princípios como se fossem um modelo

Um erro infelizmente comum e de consequências terríveis para a vida da igreja e o sucesso da transição é implantar uma ICP como se fosse um modelo de crescimento ou uma estratégia de organização eclesiástica. Isso não é verdade.

Como temos ressaltado, igreja e vida com propósitos são princípios bíblicos para o desenvolvimento saudável da igreja. Diferem, por exemplo, da estratégia do G-12, sendo ela um modelo; da Rede Ministerial, que é uma ferramenta ministerial; e do Desenvolvimento Natural de Igreja, que se refere a uma pesquisa sobre qualidades eficazes de igrejas em todo o mundo, similar às características apresentadas no livro *Igrejas que prevalecem*.[2]

Ademais, muitos também pensam que precisam escolher entre a ICP e a igreja em células, o que não é verdade. Você pode ter uma igreja em células dirigida por propósitos e que usa uma rede ministerial, por exemplo, como a Paróquia Anglicana do Espírito Santo (Grande Recife, PE), dirigida por meu amigo Reverendo Miguel Uchoa. Isso posto, posso somente dizer uma coisa: a ICP só não combina com o preconceito e a ignorância.

7. Mudar por mudar

Uma coisa que nenhum líder de bom senso e inteligência suporta é o que alguns pastores insistem em fazer na igreja, que é mudar por mudar. Toda mudança deve ser precedida de uma explicação e de uma proposta para melhorar a situação. Toda mudança deve ser acompanhada também de constantes avaliações, porque nenhum líder acerta sempre. Em alguns casos, uma dose de humildade e o reconhecimento de que a decisão de mudar não foi a melhor opção surgem como a única ação necessária. Nem toda mudança é para melhor! Se a motivação for errada, o processo estará corrompido.

8. Ignorar a tradição e a história da igreja

Nem toda tradição é ruim em si, precisa apenas ser avaliada em seus resultados e efeitos. Nem tudo o que é antigo é ruim, da mesma forma que

---

[2] PAES, Carlito. **Igrejas que prevalecem**. 2. ed. São Paulo: Vida, 2009.

algo não é bom apenas pelo fato de ser novo. Todo líder precisa conhecer a história da igreja que lidera, pois ela revela boa parte da estratégia que deverá ser traçada para os novos passos.

9. *Tentar agradar a todos*

Não podemos agradar a todas as pessoas. É preciso decidir pagar um preço. Sem dúvida, um ministério que nada custa levará a lugar nenhum. Ser educado e atencioso com todos é questão de boa educação, mas querer agradar a todos é, no mínimo, sinal de ingenuidade e imaturidade. Ninguém construirá algo grande se ficar tentando agradar a todas as pessoas. Acabará frustrado sem conseguir realizar um ministério eficaz e transformador. O primeiro passo para sair da mesmice é não alimentar a ilusão de que se conseguirá agradar a todas as pessoas da comunidade.

10. *Desprezar os feridos*

Em toda transição, haverá pessoas feridas ao longo do processo. Infelizmente, isso também é natural. No entanto, precisamos estar atentos a essa realidade. Como líder, não abata seus feridos. Lembre-se de que eles podem ser simplesmente ignorantes acerca do processo, não necessariamente opositores. Cuide dessas pessoas com atenção e invista nelas, pois futuramente podem tornar-se grandes líderes e fiéis colaboradoras. A resistência pode ser apenas sinônimo de ignorância.

11. *Ignorar a importância da avaliação*

Uma ferramenta valiosa e eficiente é a avaliação periódica. E, melhor ainda, ela é praticamente gratuita. Muitos líderes temem usar a avaliação por acreditarem que ela poderá voltar-se contra sua liderança. Pelo contrário, uma boa avaliação apenas irá fortificá-la. Durante todo o processo de transição, não despreze o poder da avaliação em todos os níveis.

12. *Desprezar a importância do trabalho em equipe*

Estamos vivendo no Brasil a era do culto à personalidade. Existem igrejas sem espaço para serem dirigidas por propósitos bíblicos porque já são fortemente dirigidas por personalidades. Esse é um fato mais comum do que imaginamos. Todavia, quando esses líderes se desviam da vontade de Deus, o Reino e a igreja local sofrem tremendamente.

Em geral, esses líderes trabalham em carreira solo e não dividem o ministério, contando apenas com auxiliares. O trabalho em equipe é, contudo, um principio bíblico também. Foi ensinado por Jetro, por Neemias, por Jesus, por Paulo; é, enfim, um valor bíblico tremendamente eficaz para a implantação de uma ICP.

Espero que a análise desses doze erros comuns possa ajudar você no seu processo de transição, pois implementar mudanças não é uma tarefa fácil. Quanto mais antiga, tradicional e envolvida em determinada denominação for a igreja, mais difícil será estabelecer mudanças, porém isso não é impossível. Milhares de igrejas têm obtido grande sucesso simplesmente porque, quando o princípio é bíblico, funciona em qualquer lugar do mundo.

Capítulo 4

Edificando uma igreja com propósitos

Muitas igrejas fazem a si mesmas a pergunta errada quando se trata de crescimento. Questionam: "O que devemos fazer para que a igreja cresça?". Deveriam indagar: "O que está impedindo a igreja de crescer?". Pois, na verdade, tudo o que é saudável cresce naturalmente. E a saúde é resultado do equilíbrio.

Toda igreja é orientada por algum tipo de força. O que quero dizer com isso? Que existem igrejas dirigidas por tradição, por uma personalidade expoente, pelas finanças, pelo desafio de um plano de construção, por programas e eventos, ou mesmo por pessoas que ainda estão sem igreja. Como você deve concluir, esses fatores podem ser bastante prejudiciais à saúde e ao equilíbrio da igreja.

Reflita sobre os versículos a seguir:

"[...] edificarei a minha igreja, e as portas do Hades não poderão vencê-la" (Mateus 16.18).

> Muitos são os planos
> no coração do homem,
> mas o que prevalece
> é o propósito do Senhor (Provérbios 19.21).

> Conforme a graça de Deus que me foi concedida, eu, como sábio construtor, lancei o alicerce, e outro está construindo sobre ele. Contudo, veja cada um como constrói. [...] sua obra será mostrada, porque o

Dia a trará à luz; pois será revelada pelo fogo, que provará a qualidade da obra de cada um. Se o que alguém construiu permanecer, esse receberá recompensa (1Coríntios 3.10-14).

A alternativa bíblica para encontrar o equilíbrio, a saúde e consequentemente o crescimento é que a igreja se paute pelos propósitos de Deus para ela.

A importância de definir os propósitos da igreja

É de extrema importância definir os propósitos para a igreja. Como dissemos, isso gerará equilíbrio e saúde, como podemos observar de pelo menos cinco maneiras.

Em primeiro lugar, os propósitos de Deus para a igreja são capazes de *construir unidade*, pois fazem que todos estejam focados na mesma direção (1Coríntios 1.10; Provérbios 29.18).

Além disso, os propósitos *reduzem a frustração*, pois alinham as expectativas e aumentam as chances de sucesso. Quando trabalhamos naquilo que é a vontade de Deus, fatalmente enfrentamos menos decepções! Isaías 26.3 deixa isso claro ao assegurar: "Tu, SENHOR, guardarás em perfeita paz aquele cujo propósito está firme, porque em ti confia".

Em terceiro lugar, os propósitos *levam à concentração* e, portanto, a maior eficiência e eficácia. Enquanto a eficiência diz respeito a fazer as coisas da maneira certa, a eficácia se refere a fazer as coisas certas. O apóstolo Paulo testifica o poder da concentração quando diz: "Porém uma coisa eu faço: esqueço aquilo que fica para trás e avanço para o que está na minha frente" (Filipenses 3.13, *Nova Tradução na Linguagem de Hoje*).

Além disso, em quarto lugar, os propósitos são capazes de *atrair a cooperação*. Uma igreja pautada pelos propósitos de Deus atrai naturalmente as pessoas. Foi assim com Esdras, que ganhou cooperadores ao realizar a obra de Deus: "Levante-se pois é o senhor que deve fazer isso. Nós o apoiaremos. Portanto, anime-se e mãos à obra" (Esdras 10.4, *Nova Tradução na Linguagem de Hoje*).

Finalmente, uma igreja que é pautada pelos propósitos de Deus tem *melhor forma de avaliação* (2Coríntios 13.5), já que possui parâmetros claros e mensuráveis para isso.

Os propósitos de Deus para a igreja

Como vimos anteriormente, podemos definir os propósitos da igreja como um "grande compromisso com o Grande Mandamento e a Grande Comissão, que gerará uma grande igreja".

Os cinco propósitos da igreja estão contidos nessas duas declarações de Jesus: o Grande Mandamento (Marcos 12.30,31) e a Grande Comissão (Mateus 28.19,20):

- **Adoração**: "Ame o Senhor, o seu Deus de todo o seu coração".
- **Ministério**: "Ame o seu próximo como a si mesmo".
- **Evangelismo**: "Vão e façam discípulos".
- **Comunhão**: "Batizando-os".
- **Discipulado**: "Ensinando-os a obedecer".

A igreja primitiva cumpriu todos esses propósitos, conforme descreve Atos 2.41-47:

> Os que aceitaram a mensagem foram batizados [...]. Eles se dedicavam ao ensino dos apóstolos e à comunhão, ao partir do pão e às orações. [...] Os que criam mantinham-se unidos [...] distribuíam a cada um conforme a sua necessidade [...] continuavam a reunir-se no pátio do templo. Partiam o pão em suas casas, e juntos participavam das refeições, com alegria e sinceridade de coração, louvando a Deus [...]. E o Senhor lhes acrescentava diariamente os que iam sendo salvos.

A igreja, portanto, existe para cada um desses propósitos:

- celebrar e exaltar a presença de Deus, que é o propósito da **adoração** (Salmos 34.3; 122.1);
- proclamar a Palavra de Deus, ou seja, para viver o propósito de **evangelismo** (Atos 20.24; 1.8);
- incorporar a família de Deus e encorajar seus membros, que é o propósito da **comunhão** (Efésios 2.19);

- educar o povo de Deus até a maturidade cristã, conduzindo-os por um processo de **discipulado** (Efésios 4.12,13);
- e, finalmente, demonstrar o amor de Deus, que é o propósito do **ministério ou serviço** (Efésios 4.12).

Implementando os propósitos na igreja

As perguntas que mais ouço por parte dos pastores e líderes que desejam implementar uma ICP são: "Por onde começar?" e "Quanto tempo levará?". A resposta para ambas varia bastante. Cada igreja tem um histórico, contexto e momento próprio, e cada fator precisa ser levado em consideração para que você de fato consiga alcançar um ministério unido e dirigido efetivamente por propósitos.

Assim, é importante entender o processo em que se baseia e se estabelece uma igreja com propósitos, bem como seus círculos e classes que veremos a seguir.

O processo se inicia com a *declaração de propósitos da igreja*. A declaração deve visar mais resultados que atividades, focando, por exemplo, vidas transformadas. Também deve encorajar a participação de todos os membros da igreja em um processo bem definido.

Identificar os propósitos ou escrever a declaração de missão da igreja não são ações suficientes para assegurar a eficiência do processo. A igreja deve tanto definir os propósitos como o *processo* para alcançá-los. Igrejas e plantadores de igrejas precisam de um processo intencional para conectar os membros aos cinco propósitos bíblicos, a fim de que se tornem discípulos que se reproduzem saudavelmente.

Implementar os propósitos de Deus se fundamenta em um processo simples, capaz de levar as pessoas sem igreja e sem compromisso a se tornarem discípulos de Jesus que cumprem seu ministério na igreja e sua missão de vida no mundo.

Esse processo conduz uma pessoa a cada estágio espiritual de um caminho que o leva a tornar-se um discípulo capaz de reproduzir outros como ele. Tal caminho é baseado em princípios que podem ser usados por igrejas, independentemente de tamanho ou denominação. Os estágios são:

1. **Comunhão:** visa alcançar para Cristo os que não frequentam uma igreja, tornando-os parte de sua congregação.
2. **Discipulado:** promove o crescimento espiritual do povo, conduzindo-os em direção à maturidade.
3. **Ministério:** equipa e capacita pessoas para o serviço, ajudando-as a identificar o modo singular como foram criadas para realizarem o ministério.
4. **Missões:** envolvem as pessoas em uma missão global de compartilhar a Cristo.

De fato, é impossível conceber uma resposta objetiva e precisa sobre o tempo de implantação dos propósitos, já que cada igreja é única e singular. Justamente por não ser um modelo, o processo de implementação deve respeitar a realidade local de cada igreja, sempre buscando o equilíbrio.

A chave é o equilíbrio

Por vezes, vemos que as igrejas tendem a focar um dos propósitos de Deus, empenhando esforços somente na adoração ou na comunhão, por exemplo. No entanto, o crescimento só acontecerá como consequência do equilíbrio.

Em 1Coríntios 12, Paulo descreve a igreja como o corpo de Cristo, explicando como as diferentes partes trabalham em unidade. Quando as partes e os sistemas atuam de forma equilibrada, o corpo é saudável. O mesmo acontece com a vida da igreja.

A igreja com propósitos tem o equilíbrio como um valor. Por isso, dois conceitos básicos a auxiliam a alcançá-lo e mantê-lo: os *círculos de compromisso* e o *processo de desenvolvimento de vida*. O primeiro diz respeito às pessoas a quem a igreja alcançará, enquanto o segundo se refere ao que será realizado. Esses dois conceitos, concebidos pela igreja de Saddleback, demonstram como os cinco propósitos são aplicados na igreja.

Os círculos de compromisso

Cada círculo de compromisso representa um público diferente, sempre pensando de fora para dentro, começando com os sem-igreja externamente (sua comunidade) até os discípulos no centro (seu núcleo). Vale lembrar que o núcleo não é o ponto de chegada, mas sim o ponto de envio.

A igreja saudável está sempre ganhando pessoas para Jesus para, então, enviá-las para fazer o mesmo. Seu objetivo é fazer as pessoas que se encontram no círculo mais externo caminhar para o círculo interno, aumentando seu compromisso e sua maturidade espiritual.

Figura 1 — Os círculos de compromisso

O círculo mais externo, a *comunidade*, representa todas as pessoas que ainda não têm um compromisso com Jesus. Trata-se da comunidade na qual a igreja está inserida, representando seu campo missionário. Podem ser frequentadores ocasionais, que já tiveram ou têm algum contato com a igreja. O propósito de missões se aplica fortemente a esse grupo.

A *multidão* abarca pessoas que já mostram uma proximidade maior com a igreja local. O nível de compromisso que as define é a participação regular nas celebrações dominicais da igreja; são frequentadores mais assíduos, cristãos ou não. A adoração é a chave para esse grupo. Como afirma o pastor Rick Warren: "Estou convencido de que a adoração genuína é um poderoso testemunho aos não cristãos, quando feita num estilo que atinja a sensibilidade deles".[1]

A *congregação* pode ser definida como pessoas que têm um compromisso de membresia com a igreja. São pessoas batizadas, que escolheram fazer parte da família de Deus. São membros ativos e envolvidos. Aqui, o propósito da comunhão toma lugar, juntamente com o discipulado.

O círculo dos *comprometidos* diz respeito às pessoas que estão envolvidas na igreja, buscando o crescimento espiritual, mas por algum motivo não participam de nenhum ministério. São pessoas comprometidas com sua maturidade espiritual, dizimistas e participantes de pequenos grupos. O propósito de discipulado atua fortemente para esse grupo.

O *núcleo* representa aqueles que estão ativos no ministério, servos vocacionados e líderes comprometidos com a igreja, num nível profundo e estratégico. Formam o coração da igreja. Nesse grupo, o propósito do ministério é vivido como estilo de vida. O círculo dos *enviados* é formado por pessoas que foram ganhas, discipuladas, mentoreadas e capacitadas, e agora podem ser enviadas para cumprir a Grande Comissão, em especial no contexto do Plano P.E.A.C.E. Inclusive, aqui se encontram as pessoas com um chamado específico para plantar novas igrejas.

O processo de desenvolvimento de vida

A ação equilibrada da igreja trabalhará em cada um desses círculos, levando sempre as pessoas a caminharem em direção ao núcleo. O chamado "processo de desenvolvimento de vida" mostra esse fluxo de forma mais clara: a pessoa, por meio do propósito de Missões, passa a conhecer a Cristo e a fazer parte de sua igreja, por meio da comunhão. Ao crescer em Cristo por meio do discipulado, é levada a servir e a compartilhar Cristo com outras pessoas.

---

[1] WARREN, Rick. **Uma igreja com propósitos**. 2. ed. São Paulo: Vida, 2008. p. 118.

Igreja brasileira com propósitos

Discipulado

Servindo a Cristo — Crescendo com Cristo

Ministério — ADORAÇÃO — **Comunhão**

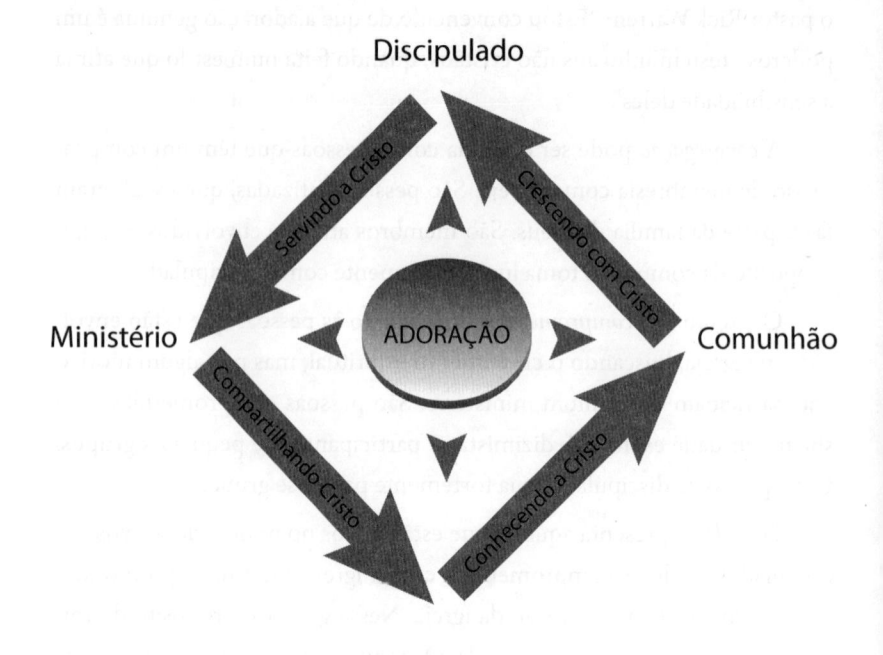

Compartilhando Cristo — Conhecendo a Cristo

Figura 2 — Processo de desenvolvimento de vidas

Avaliação: a força constante de um movimento

Depois de implantar por completo uma ICP, você poderá avaliá-la de forma prática por meio da aplicação de um questionário.

Essa avaliação deve observar as dozes características seguintes, que qualificam objetivamente uma ICP:

1. Uma ICP possui uma d*eclaração de propósitos* que descreve em suas próprias palavras e realidade local o compromisso de edificar uma igreja em torno dos cinco propósitos do Novo Testamento: adoração, missões, comunhão, discipulado e ministério.

2. Uma ICP usa uma *estratégia com propósitos* para cumprir sua declaração de propósitos. Uma estratégia com propósitos leva pessoas a Cristo e a sua família, e então as edifica em maturidade, as

capacita para o ministério na igreja, e finalmente, as envia em uma missão de vida ao mundo, a fim de dar glória a Deus. A estratégia com propósitos é baseada em duas assertivas vitais:

- As pessoas crescem de maneira mais constante quando assumem compromissos graduais.
- Você deve solicitar compromissos de maneira específica, por exemplo com pactos estabelecidos.

3. Uma ICP é organizada em torno de uma *estrutura com propósitos* que a assegura o equilíbrio e enfatiza igualmente os cinco propósitos do Novo Testamento para a igreja. ICP são baseadas em equipes, em vez de em uma estrutura hierárquica, e cada equipe é definida pelos propósitos e composta de líderes leigos e pastores.

4. Uma ICP é uma igreja que define *programas com propósitos*, ou seja, tem pelo menos um programa que cumpre cada um dos cinco propósitos para cada faixa etária, como veremos mais adiante. Ela evangeliza a comunidade, reúne a multidão para adoração, provê comunhão na congregação, discipula os comprometidos e capacita o núcleo para o ministério.

5. Uma ICP forma uma *equipe com propósitos*. Todo propósito tem seu próprio líder. As ICP começam descobrindo voluntários para liderar e servir em cada equipe baseada nos propósitos, e eles ocupam posições de tempo integral e remuneradas quando necessário.

6. Uma ICP tem sua *pregação com propósitos*. O pastor planeja mensagens e séries para assegurar que a congregação receba uma ênfase equilibrada em cada um dos propósitos.

7. Uma ICP forma *pequenos grupos com propósitos* por meio das Estações de Deus.[2] O DNA de uma ICP é implantado em cada célu-

---

[2] Para mais detalhes, ver capítulo 11, "Pequenos Grupos".

la do corpo de Cristo. Cada pequeno grupo ajuda seus membros a cumprirem cada um dos cinco propósitos em sua própria vida.

8. Uma ICP estabelece *calendários com propósitos*. Os propósitos são o fator determinante na decisão de quais eventos serão agendados. Todos os eventos devem cumprir pelo menos um dos cinco propósitos; do contrário, não são aprovados.

9. Uma ICP define *orçamentos com propósitos*. Toda despesa é categorizada de acordo com o propósito ao qual se relaciona.

10. Uma ICP faz *construções com propósitos*. Edifícios são vistos como ferramentas de ministério, não como monumentos. Devem servir aos propósitos divinos, sem nunca se tornarem mais importantes do que eles.

11. Uma ICP faz *avaliações com propósitos*. Frequentemente, a ICP se pergunta: Estamos mantendo os cinco propósitos em equilíbrio? Perguntas como "Existe um modo melhor de se cumprir cada propósito?" precisam ser feitas constantemente.

12. A maioria das ICP são edificadas de fora para dentro, em vez da maneira tradicional de dentro para fora. É muito mais fácil transformar uma multidão em um núcleo, do que transformar um núcleo numa multidão. Você edifica um ministério multidimensional saudável concentrando-se em um nível de compromisso de cada vez.

Capítulo 5

Passos para a transição para a igreja com propósitos

Sirvo em uma igreja que tem mais de 70 anos de existência. Numa votação que obteve aprovação de 94% dos membros, a igreja decidiu mudar-se do local no qual se reuniu nos últimos vinte e cinco anos. A igreja também tomou a decisão de mudar os estatutos e abraçar uma nova estrutura que, assim cremos, permitiu e permitirá que nos tornemos a igreja que Deus sempre desejou que fôssemos.

Como essa transição aconteceu? Ocorreu por meio de esforços e compromissos das famílias da igreja que caminharam juntas por um processo claro e definido para alcançar o melhor de Deus para a igreja. Assim acontece com toda igreja já estabelecida que se engaja no processo de transição para se tornar uma ICP.

Creio que os princípios a seguir podem ser aplicados em qualquer igreja que deseja fazer sua transição de forma eficaz.

Planeje a transição (Provérbios 13.16; 20.18; 24.27)

Nossa transição envolveu um processo de alguns anos, que continua até hoje e prosseguirá nos anos vindouros. Os planos para a transição envolveram um procedimento concebido na seguinte ordem, que pode servir como base para o planejamento da sua transição.

1. Inicie uma transição gradual em seu estilo de culto.

2. Concentre-se em pregar tendo em vista mudanças de vida, de modo que você forneça base para a determinação dos propósitos da igreja.
3. Determine os propósitos da igreja. Eles devem abarcar os cinco propósitos do Novo Testamento.
4. Enfatize sistematicamente a responsabilidade da igreja em alcançar os sem-igreja.
5. Inicie uma classe de novos membros que dissemine a visão da igreja.
6. Encoraje os membros a aceitar os propósitos da igreja como propósitos pessoais.
7. Adote um novo estatuto de modo que o conceito e a estrutura organizacional concordem com a estrutura bíblica para a igreja.
8. Inicie pequenos grupos nos lares.
9. Implemente um processo de pacto para o crescimento pessoal e espiritual dos membros da igreja.
10. Assegure o apoio de famílias bem estabelecidas na igreja.
11. Faça a transição do ministério da igreja para o povo, e da manutenção da igreja para a equipe administrativa (voluntária ou remunerada).
12. Faça a transição do ministério de educação cristã para o crescimento e valorização de vidas. Foque na transformação mais que informação.
13. Pesquise um novo local para a igreja (quando cabível).
14. Planeje a construção dos ambientes (quando cabível).
15. Levante dinheiro para a construção (quando cabível).
16. Lidere a igreja para mudar de nome em preparação para o novo endereço, caso o nome atual não combine com a nova proposta de igreja que está surgindo.
17. Realize vários eventos-ponte evangelísticos.

Cada um desses estágios da transição envolve diversos passos. Essas ações, por sua vez, necessariamente incluem responsabilidades que deverão ser assumidas pelo povo no processo de mudança.

Planeje mudar e mude. Mudar é sinônimo de vida. Quem não muda, atrofia e morre. Um organismo vivo precisa de mudança, que é simplesmente essencial à vida. Ao mudar, já esteja preparado para novas mudanças!

Trabalhe detalhadamente nos planos (Filipenses 3.13-16; Salmos 90.12)

Você precisa estar comprometido com o seu plano de transição a despeito dos desafios que surjam, das pessoas que deixem a igreja, ou daqueles que venham a pôr seus planos em cheque.

Envolva-se ativamente e trabalhe em cada detalhe nas etapas da transição.

Comunique a visão regularmente (Gálatas 6.9; Provérbios 19.21)

O processo completo é amplo demais para ser comunicado de uma só vez; desse modo, comunique a validade de cada estágio à medida que estiver trabalhando nele. Nós usamos a classe de novos membros para compartilhar o processo com aqueles que chegam à nossa igreja.

Comunicamos a eles que aquela classe não existe para determinar se os aceitamos como membros, mas para ajudá-los a conhecer o tipo de igreja que somos, de modo que eles possam decidir se querem realmente juntar-se a nós.

Quanto aos novos decididos, nós os levamos a dar o passo da identificação com a nossa visão ao firmarem quatro compromissos:

1. Descobrir seus dons espirituais e apontar onde gostariam de usá-los para ministrar na igreja local.
2. Entregar o dízimo e ofertas para a manutenção do Reino e para sua própria prosperidade.
3. Unir-se a um pequeno grupo para pastoreio mútuo por meio da rede de pastoreio em pequenos rebanhos.

4. Escrever sua história (testemunho) sobre como encontraram Jesus pessoalmente, de modo que sejam encorajados a compartilhar sua vida com os não cristãos.

Conforme você comunica a sua visão à igreja em cada estágio de transição, deve fazê-lo também nos pequenos grupos. O pastor líder deve ser constantemente o principal anunciador da visão da igreja.

Tenha paciência com relação ao tempo (Tiago 1.3,4; Romanos 5.3-5)

Leva algum tempo para se realizar uma transição. Você deve alcançar cada parte dos projetos com discernimento, portanto não se apresse. Dê às pessoas a oportunidade de absorver e aceitar cada parte do plano. Paralelamente, use equipes para ampliar os horizontes da igreja.

Não estabeleça um tempo limite para a conclusão de qualquer parte de seu plano de transição ou para todo o processo. Por outro lado, enfatize e celebre a finalização de cada estágio do processo de transição, mas não coloque a eles um limite de tempo. Faça uso de um período razoável para implementar ajustes antes de prosseguir para o passo seguinte.

Lembre-se de que estamos falando de um processo, não de um destino. Como mencionamos antes, a nossa transição levou vários anos (mais precisamente, quatro anos), e consumirá mais tempo ainda. De fato, essa transição será parte constante do nosso ministério.

Como resultado das frequentes mudanças que ocorrem na nossa cultura, toda igreja pode adaptar-se às mudanças, permanecendo relevante sem perder o valor da sua mensagem.

Mantenha a flexibilidade (Filipenses 2.12,13)

A sua igreja é única. Não tente reproduzir, no total, o que outras igrejas estão fazendo ou já fizeram. Por isso, tenha flexibilidade quanto à sua realidade local. A palavra-chave é *contextualização*. A exclusividade de sua igreja é determinada por sua história e sua cultura.

Nossa cultura, por exemplo, era a de uma igreja centrada na Bíblia, porém fechada em suas tradições e para as pessoas da comunidade de forma geral. Isto significava que muitos dos sem-igreja que encontrávamos já haviam tido algum tipo de contato com a igreja em sua história de vida, porém não se envolviam com ela. A igreja precisava ser flexível o bastante para causar impacto nessas pessoas, muitas das quais tinham se desviado da igreja ou rejeitado o formato tradicional que não supria suas necessidades.

Assim, mantenha a flexibilidade para a contextualização à sua própria realidade.

Permaneça firme no posto (Salmos 37.3-6)

O processo de transição dura anos. Não pode ser atingido em poucos meses. Portanto, permaneça firme. Pessoalmente, firmei um compromisso de vida e ministério em permanecer no meu posto, para dar continuidade no processo de transição. Permaneço na base da igreja, de forma que tenha a segurança de que o legado dessa transição continuará nos meus anos vindouros e até a próxima geração da igreja.

Recuse-se a abandonar o processo (Salmos 37.7,8)

O pastor precisa estar concentrado na visão de sua transição, avaliando tudo o que acontece na igreja à luz do impacto que determinado acontecimento trará para o processo. As distrações serão numerosas e muitos problemas surgirão; no entanto, decida permanecer e persistir.

Possivelmente você enfrentará desafios vindos de sua equipe, particularmente daqueles que já estavam presentes quando você chegou. Você deve lidar com eles de forma rápida e decisiva, preferencialmente pondo as coisas no lugar antes de iniciar o processo de transição. Isso pode significar até mesmo demissão de pessoal, caso não haja concordância com a transição.

Torne-se um perito no processo de mudança
(Hebreus 6.1-3; Salmos 48.14; Isaías 42.16; João 16.13; Salmos 27.11)

Leia tudo o que chegar às suas mãos sobre como liderar o processo de mudança numa organização. Use o conhecimento adquirido para fazer avaliações constantes; não apenas no final de estágios do processo, mas também nos métodos que você está usando para implementar as mudanças.

Busque conselhos onde puder obter. Não fique orgulhoso a ponto de sempre buscar em si mesmo a resposta à pergunta: "O que eu posso fazer?".

Acima de tudo, leia e aplique a Palavra de Deus em sua vida. Ore. Ore. E ore. Busque a direção de Deus e seja sensível às mudanças, quaisquer que sejam, indicadas por ele. Lembre-se de que este processo deve ser, em última análise, implementado pela vontade de Deus para a igreja, caso contrário falhará. Você precisa do poder sobrenatural de Deus, ou a mudança não acontecerá.

Permaneça conectado e busque o apoio dos líderes-chave
(Tito 2.2-8; 1 Timóteo 5.1,2; Provérbios 16.31)

À medida que passamos pelos estágios mais cruciais da nossa transição, particularmente quando estes envolviam a estrutura da igreja, solicitei aos líderes adultos que comandassem a forma de fazer as mudanças.

Você deve honrar os líderes adultos em cada estágio do processo; não os manipule, mas dê a eles o respeito que merecem pelos anos de fidelidade. Eles devem ser os primeiros a saber dos estágios do processo. Ponha-os em sua lista como companheiros de oração, e compartilhe as suas preocupações com eles ao avançar no processo.

Enfatize continuamente a responsabilidade da igreja em alcançar os sem-igreja (Mateus 28.19,20)

Você deve ajudar os membros a entender que cada passo completado na sua transição visa derrubar barreiras entre a igreja e as pessoas que ainda não conhecem a Jesus. Isso, então, deve estar claro para todos, especialmente para as pessoas que conhecem os planos de Deus para o mundo.

Diga regularmente à igreja que você não está interessado na troca de membros de uma igreja para outra, mas no alcance daqueles que ainda não conhecem a Jesus.

Ao avançar na transição, você crescerá. Às vezes, entretanto, poderá sentir como se desse dois passos para frente e três para trás. Você deve se lembrar de que está usando os estágios para a multiplicação e o crescimento futuro, não para permanecer estagnado.

Ao prosseguirmos no processo de transição, também devemos continuar a trazer pessoas para a igreja, especialmente aquelas que não sabem como uma igreja deveria ser. As pessoas que não têm experiência anterior com igrejas serão estimuladas a "fazer igreja" do modo que Deus deseja quando orientadas para isso. Ao reforçar a necessidade de ganhar os sem-igreja, é imperativo que você envolva a igreja em missões para espalhar a sua visão evangelística por todo o mundo.

Permita que os membros deixem a igreja sem culpa (Lucas 9.5; 1João 2.19)

Como dissemos, é preciso lembrar que a transição não agradará a todos — isto é simplesmente impossível. Não abandone a sua visão para agradar a alguém ou mesmo a um grupo que ameace deixar a igreja. Deus enviará outros líderes para ocupar os lugares vagos.

Essa é a parte mais difícil do processo para alguns pastores, porque fomos educados a fim de agradar às pessoas. Contudo, devemos nos lembrar que agradar a Deus é o que importa.

Além disso, a igreja não pertence a você ou a algum membro descontente: *a igreja pertence a Jesus Cristo*. Somos simplesmente chamados para fazer o que Deus diz que é melhor para a igreja.

Nossa igreja continua a crescer ao longo do processo de transição. Entretanto, perdemos alguns membros. Fui pessoalmente amaldiçoado e atacado. A transição é um processo penoso e, geralmente, é o pastor que suporta a maior carga da dor. Lembre-se de que você está liderando o plano de Deus para a sua igreja. Sua recompensa está por vir. Seja fiel.

Celebre quando alcançar as etapas (João 15.11; Neemias 8.10; Salmos 16.11; 126.5; Isaías 12.3; João 16.24; Romanos 14.17)

A celebração marca o momento. Não importa quão insignificante seja o avanço, encontre uma razão para celebrar. Quanto mais "vitórias" você deixa para trás, mais entusiasmo terá pela frente.

Se não é possível reunir-se com todos os pequenos grupos ou classes da sua igreja para marcar esses momentos de celebração, encontre uma maneira de se reunir com as pessoas que você sabe que têm influência na igreja.

Sempre dê a honra a Jesus (Salmos 34.3; João 3.14-17; 8.28; 12.32-34; 14.6)

Nunca receba o crédito quando as coisas saírem bem. Agradeça à equipe pastoral e à liderança pela ajuda em alcançar o êxito, mas a honra definitiva deve ser dada a Jesus a cada passo que você atingir. Você não pode completar esse processo sem a ajuda celestial.

Se você está tentando implementar a transição na igreja para ver quanto reconhecimento terá para si mesmo, ficará grandemente desapontado. A recompensa por fazer a transição na igreja só será concretizada no céu.

É importante que a igreja em transição seja evangelística, crie um ambiente agradável aos convidados e seja clara na mensagem para ajudar os não cristãos a entenderem melhor seu relacionamento com Deus e com a igreja.

Entretanto, a igreja em transição não pode concentrar-se nessa direção e esquecer-se de exaltar o nome de Jesus Cristo. Somente Jesus merece a honra da nossa adoração e concentração. Conforme for exaltado, ele mesmo trará pessoas convertidas. O entendimento espiritual dos membros da igreja compreenderá essa nova direção.

Existe um entusiasmo genuíno na família cristã sobre o nascimento da nossa nova igreja. Lembre-se de que a igreja pertence a Jesus, e não a você. Os créditos precisam ser sempre dados a ele!

Não tenha medo de arriscar (Provérbios 3.5-7)

Haverá momentos em que você precisará andar em terrenos desconhecidos e, pela fé, prosseguir com o processo de transição, mesmo sem entender completamente qual será o passo seguinte. Isso acontecerá especialmente quando você estiver liderando o projeto de maior vulto durante a transição.

Muitas igrejas estão usando no processo de transição prédios antigos, ultrapassados e localizados em áreas estagnadas. Nos nosso caso, as reuniões aconteciam num auditório construído em 1981, um local no qual igreja esteve por muitos anos. Fazer a igreja perceber a necessidade de relocação e posterior construção de novos prédios foi um dos grandes obstáculos para o nosso ministério. Foi um procedimento delicado, pois ainda existiam pessoas na igreja que haviam ajudado na construção anterior de mais de duas décadas. Entretanto, à medida que a igreja avançava no processo de mudanças, a percepção dos custos pelo uso da propriedade levou os membros a perceberem a necessidade de novas dependências, mesmo que alugadas.

A primeira decisão que submetemos à igreja foi a mudança para um novo local, ainda alugado. Nossa percepção era que estávamos aprisionados, sem possibilidade de crescimento devido às dependências utilizadas. Teríamos de comprar novos terrenos ou casas ao redor do templo, propriedades cujos preços eram mais altos do que adquirir uma grande área em outro local.

Assim, compramos uma boa propriedade às margens da principal rodovia de acesso à cidade. Após a efetivação da compra, descobrimos que havia planos de um entroncamento das principais rodovias bem ao lado da nossa nova propriedade, o que a posicionaria em um local extremamente estratégico na região. A nossa família cristã, entusiasmada com a notícia, conseguiu levantar rapidamente, em dois meses, os recursos necessários para a entrada da nossa sede própria.

Estamos, no momento, empenhados na construção dos prédios dentro dessa propriedade e, honestamente, precisaremos muito da ajuda de Deus para concluir a obra. Se Deus não estiver conosco, vamos afundar. Esse é o maior risco que a nossa igreja já correu. Acredite em mim: isso precisa ser feito com muita oração.

Estamos convencidos, no entanto, de que esta foi uma decisão das mais importantes no processo de transição. Construir novas dependências para a transição numa igreja urbana e tradicional é muito diferente de fazer isso numa igreja nova. Construir novas dependências em uma nova área dá uma nova visão para a cidade de onde a igreja se localiza. Essa nova visão comunica "Somos uma nova igreja", e as pessoas virão verificar. A nova família cristã despertará a curiosidade na vizinhança.

Por essa razão, você deve construir novas dependências somente após avançar bem no processo da transição, cujo alvo é uma nova igreja ocupando um novo espaço. Não é prudente construir novas dependências se você ainda conserva a igreja no modelo anterior. Você não conseguirá reter as pessoas no envolvimento.

Não limite o ministério da sua igreja às dependências físicas. Lembre-se de que elas são apenas uma ferramenta a partir das quais você iniciará ministérios diferentes e significativos nos lares familiares da igreja.

Conserve o senso de humor (Tiago 1.2; Provérbios 17.22)

Visto que você viverá a transição da sua igreja por um longo tempo, é importante que aprecie a jornada. Assuma uma atitude positiva, em vez de ficar deprimido e dar a impressão de que está apenas tolerando o momento, com pressa de chegar logo ao final para iniciar um ministério impactante.

Fazer mudanças em uma igreja já é um ministério impactante! Por isso, divirta-se durante o processo. Dê às pessoas a permissão para cometerem erros. Deixe de lado as condenações e reclamações, e divirta-se. Quanto mais bom humor você incutir no processo, melhor a transição será vivenciada pela família cristã.

O processo de transição não seguirá pelo caminho do sucesso a não ser que todos os envolvidos o considerem uma oportunidade para se divertir e para vivenciar um tempo positivo.

Ore constantemente, pedindo a sabedoria e o discernimento de Deus (Tiago 1.5-8)

Você deve orar, pedindo a sabedoria de Deus em cada decisão a ser tomada durante o processo de transição. E você também precisa encorajar as pessoas a orar, pedindo pela sabedoria de Deus para a igreja. Não consigo pensar em seguir adiante sem isso.

A prática de oração deve ser começada antes mesmo do início da transição e seguir em frente sem interrupções. *Mudanças não podem ser realizadas eficazmente sem oração.*

Mantenha a integridade pessoal e o caminhar com Deus (Efésios 4.14-16; Romanos 8.29; Tiago 2.18; 3.13)

Mesmo sob as piores pressões que você venha a enfrentar na transição da sua igreja, é imperativo manter a disciplina espiritual diária: oração, estudo bíblico pessoal, hora devocional tranquila e memorização bíblica.

Há tentações tremendas de usar o tempo com questões administrativas ou manipulando as pessoas para facilitar o processo. Não há atalhos para que ele aconteça. Nas poucas vezes em que tentei pegar um atalho sempre me deparei com um desastre. Isso aconteceu especialmente quando confiei a liderança de parte do processo de transição a um líder que não estava completamente engajado com a nossa visão.

Por essa razão, devemos caminhar ao longo do processo com total dependência de Deus, pedindo para que ele nos ajude a conservar os motivos puros e o coração sensível aos apontamentos divinos. Aprendi que você deve dizer o que faz, e fazer o que diz. Faça o seu "sim" significar "sim", e o seu "não" significar "não".

Lembre-se: não conduzimos a igreja à transição para sermos reconhecidos ou recompensados; tudo isso acontecerá depois, quando encontrarmos Jesus.

Capítulo 6

As bases dos propósitos: o poder do equilíbrio

Não existe poder sem equilíbrio e foco. Como temos dito, ambos são gerados por meio da implementação de uma igreja dirigida pelos propósitos de Deus. Na ICP, cada um dos cinco propósitos é refletido na estrutura da igreja composta pelas chamadas "bases":

1. Missões
2. Adoração
3. Comunhão
4. Discipulado
5. Ministério

Cada base possui líderes específicos que atuarão estrategicamente na igreja ao lado do pastor sênior.

1. A base de missões

Fora da igreja, todo membro é um missionário. Todos somos chamados para seguir a Jesus e alcançar vidas. Isso não depende de cursos teológicos, tempo de igreja ou escolaridade, mas apenas de conversão e obediência ao chamado de Deus.

A base de missões é um propósito de Deus para a nossa vida e para nossa igreja. Não é um programa, mas algo muito maior. Precisamos entender missões como um estilo de vida.

Esse é um valor para uma igreja que entende que é chamada para alcançar pessoas para Jesus. Não é possível terceirizar essa responsabilidade a alguns, pois esse é um chamado a todos os seguidores de Jesus: "Sigam-me, e eu os farei pescadores de homens" (Mateus 4.19).

A estratégia de Jesus para alcançar pessoas é clara e está exposta em textos como Mateus 10 e Lucas 10. Como ponto de partida apresentado nesses textos, é preciso conhecer o que estamos pescando, ou seja, precisamos identificar alvos claros. Foi assim com Jesus (Mateus 15.24), Paulo (Gálatas 2.7) e os discípulos (Mateus 10.5,6).

A igreja deve definir o alvo evangelístico, levando em consideração fatores geográficos, demográficos (faixa etária, estado civil, renda média, ocupação, entre outros), culturais e espirituais. Nessa última dimensão, é preciso identificar qual é o nível de conhecimento e divulgação do evangelho e qual é o contexto religioso dos não cristãos. Afinal, pessoas sem-igreja não são todas iguais! Por isso, é preciso personalizar o alvo evangelístico, definindo um perfil a ser focado em cada ocasião.

Um dos papéis da base de missões é aprender a "pensar como um peixe!". A Bíblia nos fala sobre isso:

"Eu os estou enviando como ovelhas entre lobos. Portanto, sejam astutos como as serpentes e sem malícia como as pombas" (Mateus 10.16).

Sejam sábios no procedimento para com os de fora; aproveitem ao máximo todas as oportunidades (Colossenses 4.5).

O problema é que muitas igrejas perderam a capacidade de se comunicar com o mundo. Por isso, é preciso conversar com as pessoas e descobrir suas ideias, seus anseios e questionamentos. Se você não fizer as perguntas certas, não receberá as respostas certas. Sem respostas certas, você não desenvolverá a estratégia certa e, sem a estratégia certa, não haverá resultados!

É importante que a igreja realize uma pesquisa de opinião em sua comunidade local, para buscar respostas a perguntas como essas:

- Você frequenta alguma igreja?
- O que sente ser a maior necessidade de sua região?

- Por que muitas pessoas não vão à igreja?
- Se você fosse a uma igreja, o que gostaria de encontrar lá?
- Como posso ajudar você?

Ao analisar resultados de pesquisas como essas, temos percebido que muitas pessoas não vão à igreja porque consideram as mensagens chatas e irrelevantes, porque os membros não são cordiais, porque há muita ênfase no dinheiro ou porque não há cuidado com as crianças, entre outros. A verdade é que a maioria dos que não frequentam uma igreja não é composta por ateus. As pessoas simplesmente não são despertadas pelo que têm encontrado nas igrejas. No entanto, é possível mudar esse quadro.

O alvo determina a abordagem

A chave para a ação evangelística é a *necessidade* das pessoas. São elas que determinarão a ação da igreja. Qualquer pessoa pode ganhar alguém para Jesus se encontrar a chave para seu coração, pois foi assim que o nosso Mestre procedeu:

"Ouvindo isso, Jesus lhes disse: 'Não são os que têm saúde que precisam de médico, mas sim os doentes. Eu não vim para chamar justos, mas pecadores' " (Marcos 2.17).

"Jesus, parando, chamou-os e perguntou-lhes: 'O que vocês querem que eu lhes faça?' " (Mateus 20.32).

A igreja jamais crescerá além de sua capacidade de suprir as necessidades das pessoas. Mais especificamente, as necessidades dos sem-igreja se concentram em aspectos emocionais e relacionais.

Para todo tipo de pessoa, grupo, cidade ou região, existem estratégias e abordagens que podem e devem ser aplicadas para a ação social, missionária e evangelística da igreja. Todos podem fazer isso. Mas nunca devem fazer de qualquer maneira.

Estude as pessoas, o contexto e os métodos. Depois, faça uma experiência, "um projeto-piloto", para só então aplicar a solução a um contexto maior, sempre avaliando o que funciona melhor. Nunca se esqueça de que, quanto mais diversificada e livre a ação, melhor será o resultado do alcance.

A base de missões atua à frente de ministérios evangelísticos no seio da igreja, promovendo também viagens missionárias, especialmente por meio de pequenos grupos. Além disso, atua no sustento e apoio a missionários enviados a várias partes do Brasil e do mundo, envolvendo de forma ativa a membresia em cada um desses projetos.

Exemplos de ministérios sob a base de missões:

- Ministério de ação social
- Ministério com universitários
- Ministério de artes circenses
- Ministério com portadores do vírus HIV
- Ministério para o alcance de profissionais do sexo
- Ministério para o cuidado de moradores de rua
- Ministério de capelania hospitalar
- Ministério para o cuidado de dependentes químicos
- Ministério de acampamentos evangelísticos

2. A base de adoração

A igreja de Saddleback possui uma definição interessante de adoração: "É expressar o nosso amor a Deus por quem ele é, pelo que ele disse, e por aquilo que ele faz".

Tendo isso em mente, estamos convictos de que apenas os crentes em Jesus podem verdadeiramente adorar a Deus (João 4.24). Para que essa adoração genuína aconteça, não é necessário, porém, que haja um templo físico (Atos 17.24). Da mesma forma, também não existe um único estilo correto de adoração (1Coríntios 12.5,6).

Embora a adoração a Deus seja algo que vem do coração de seus filhos, é um poderoso testemunho para os sem-igreja. Quando sente a presença de Deus e compreende a mensagem, a multidão é atraída para Jesus.

Como lemos em Mateus 9.8: "Vendo isso, a multidão ficou cheia de temor e glorificou a Deus".

Atraindo multidões

O ministério de Jesus atraía multidões (Mateus 4.25). De fato, Deus espera que a sua casa fique cheia! Como seus filhos, devemos desejar o mesmo, tornando-nos sensíveis a medos, traumas e necessidades dos sem--igreja em nossas celebrações. Na verdade, as necessidades dos não cristãos e dos cristãos geralmente são semelhantes. Embora completamente distintas em algumas áreas, sobrepõem-se em várias outras.

Uma celebração não precisa ser superficial para atrair os sem-igreja. A mensagem não precisa ficar comprometida para que isso aconteça; deve apenas ser compreensível (1Coríntios 14.11).

Assim, a cada celebração, a igreja deve definir bem a sua forma de atuar de acordo com o seu propósito. Por isso, uma celebração voltada à multidão tem características específicas.

Além do mais, devemos considerar que um culto sensível aos sem--igreja não substitui o evangelismo pessoal, mas o complemento. Afinal, o que realmente atrai grande número de pessoas a uma igreja são vidas transformadas!

Neste livro, apresentamos, no capítulo 12, formas de celebração direcionadas aos sem-igreja. Por ora, vale notar que toda a sua programação deve feita pensando no alvo final, que é alcançar vidas. Isso acontece desde o estacionamento, onde os visitantes usam as melhores vagas, até a recepção, luminosidade, arranjo das cadeiras, cuidado com as crianças, duração e opções de horário das celebrações.

A música exerce um papel fundamental aqui. Na verdade, é o fator número um para posicionar a igreja. Como bem comenta Rick Warren, não podemos menosprezar a importância e o poder da música! Partimos do princípio de que não existe "música cristã", e sim "letras cristãs". Por isso, para qualquer culto voltado a não cristãos, revisamos as músicas a fim de assegurar a correção doutrinária, a compreensão aos sem-igreja, a exclusão de termos arcaicos e a o fato de serem agradáveis a todos. Aceleramos o ritmo e celebramos ao Senhor com alegria! (Salmos 100.1,2).

Além disso, buscamos o equilíbrio quanto à quantidade de músicas entoadas durante a celebração. Cada canção visa alcançar o coração das pessoas, e não exibir-se como expressão artística. O alvo não é impressionar as pessoas, mas comunicar uma mensagem por meio da música.

Em geral, buscamos criar uma atmosfera motivadora, alegre, encorajadora, familiar, renovadora e informal.

Exemplos de ministérios sob a base de adoração:

- Ministério de áudio
- Ministério de bandas
- Ministério de coro e orquestra
- Ministério de dança
- Ministério de imagem e multimídia
- Ministério de iluminação
- Ministério de intercessão
- Ministério de teatro

3. A base de comunhão

O objetivo primordial da base de comunhão é o de transformar os frequentadores em membros, edificando a congregação (Efésios 2.19; Romanos 12.5).

Para isso, precisamos criar um ambiente no qual as pessoas desejem unir-se à igreja. Um lugar onde há amor (João 13.35) e aceitação (Romanos 15.7) gera esse tipo de reação. É fato que igrejas que crescem são igrejas que amam! Por isso, as igrejas devem posicionar-se como uma família, e não como uma instituição.

Devemos comunicar o valor de ser parte da família da igreja. Isso é característica da vida cristã. Fomos chamados para crer, para pertencer a uma família e para nos tornar semelhantes a Cristo.

Quando alguém se torna um membro, há uma identificação como crente genuíno em Jesus (Efésios 2.19; Romanos 12.5). O membro dispõe de uma família espiritual que lhe oferece apoio e encorajamento (Gálatas 6.1,2). Ele também se coloca sob a proteção espiritual de líderes comprometidos com Deus (Hebreus 13.17), que assumiram a responsabilidade com seu crescimento e com a criação de um ambiente de prestação de contas (Efésios 5.21; Colossenses 3.16).

Nesse intuito, desenvolvemos um plano para assimilar novos membros. O plano visa entender qual é o perfil dos membros, quais são suas expectativas em relação à igreja e quais são as expectativas da igreja com relação a eles. O objetivo é conhecer quais são suas necessidades e como eles podem sentir-se mais amados e cuidados.

De forma prática, existem duas formas de integração à família da igreja: por meio do batismo ou por meio da conclusão da classe de novos membros.

Pessoas que pensam em se tornar membros da igreja precisam entender sua aceitação, amizades que possuem ali e o seu valor como membro. A base de comunhão propõe-se a atender a essas expectativas.

Para aqueles que estão chegando de outras igrejas, aconselhamos que haja uma classe de novos membros obrigatória. A maneira pela qual as pessoas se unem à igreja determina seu compromisso nos anos futuros. O compromisso de membresia envolve as seguintes atitudes:

- Proteger a comunhão da igreja (1Pedro 1.22; Hebreus 13.17)
- Promover o crescimento da igreja (1Tessalonicenses 1.1,2)
- Servir em um ministério de igreja (1Pedro 4.10; Filipenses 2.3-5,7)
- Testemunhar a fé (Hebreus 10.25; Levítico 27.30)

Firmando relacionamentos

A base de comunhão atua para a construção de relacionamentos saudáveis e centrados em Cristo. Encoraja constante e substancialmente todos os membros a fazer parte de um pequeno grupo.

A verdadeira comunhão não consiste em uma reunião de pessoas que trabalham e perseveram por um objetivo comum, mas em pessoas que têm em comum a perspectiva da comunhão com Jesus (1Coríntios 1.9).

Exemplos de ministérios sob a base de comunhão:

- Ministério de batismos
- Classe para novos membros
- Ministério de aconselhamento
- Ministério de esportes
- Ministério de recepção aos novos convertidos

4. A base de discipulado

O objetivo da base de discipulado é desenvolver membros maduros, levando pessoas da congregação a se tornar comprometidas com Jesus (Efésios 4.12; 2Coríntios 13.9).

A formação espiritual cristã é o processo redentor de formar o caráter de Cristo (2Coríntios 3.8). Quando alguém aceita a Cristo, Deus incute nele uma nova vida e uma nova natureza. Pelo restante de sua vida, Deus deseja dar continuidade ao processo de transformação que se instaura. A Bíblia descreve esse processo:

> Esta é a minha oração: Que o amor de vocês aumente cada vez mais em conhecimento e em toda a percepção, para discernirem o que é melhor, a fim de serem puros e irrepreensíveis até o dia de Cristo, cheios do fruto da justiça, fruto que vem por meio de Jesus Cristo, para glória e louvor de Deus (Filipenses 1.9-11).

A maturidade espiritual é algo intencional, e está disponível a todos os cristãos (1Timóteo 4.7). É um processo que leva tempo, mas acontece dia após dia, enquanto permanecemos em Jesus (João 15.1-4). A maturidade espiritual é algo que se demonstra na maneira pela qual o cristão age, muito mais do que naquilo que ele sabe intelectualmente (Tiago 2.18; Efésios 5.8). Não acontece de maneira individual, mas requer relacionamentos (Hebreus 10.24,25). E, além disso, a maturidade espiritual requer a prática de todos os propósitos de Deus para a nossa vida (Marcos 12.30,31).

O objetivo da base de discipulado é que toda a membresia da igreja amadureça em Jesus, dando muitos frutos e vivendo uma vida cheia de significado e segundo os propósitos de Deus. Crescer em Cristo por meio do discipulado não é a melhor maneira de viver; é a única!

O Circuito Vida

Na nossa realidade local, estabelecemos o programa para o discipulado da igreja por meio de um currículo denominado Circuito Vida, abarcando todos os programas de crescimento espiritual. O foco é que os membros não deixem de participar das celebrações, filiem-se a pequenos grupos e participem de cursos, seminários, retiros e classes.

O *primeiro estágio* envolve a participação nas celebrações, bem como o uso de subsídios para o envolvimento na igreja e o crescimento espiritual. Aqui incluem-se as classes de membresia, classes de batismo, o programa Celebrando a Recuperação, a Escola de Pais, o retiro Satisfação, cursos abertos, entre outros.

O *segundo estágio* está focado nos pequenos grupos, ampliando as possibilidades do membro de realizar novos cursos e aperfeiçoamentos. A partir daí, os envolvidos precisam tornar-se membros da igreja. Para isso, contam com os cursos Fundamentos, FORMA (para identificação de perfis de ministérios) e Conhecendo Mais a Deus, dentre outros.

O *terceiro estágio* trabalha num nível bem específico de discipulado, preparando e aprimorando novos líderes. Esse estágio oferece programas como cursos de aconselhamento, o retiro Restauração (focado em cura e libertação), treinamentos práticos pastorais, cursos de evangelismo e *workshops* especiais.

O *quarto estágio* é destinado a líderes de ministérios e de pequenos grupos. Esse estágio não é o fim do processo, mas um ponto no qual o líder pode levar outras pessoas a reiniciar o ciclo do discipulado na igreja. Incluem-se aqui o Curso de Liderança de Pequenos Grupos e o Instituto Propósitos de Ensino, com cursos de formação teológica.

Mais do que programas que variam e se transformam com o tempo, a base de discipulado entende que o crescimento é um processo (Provérbios 8.5). Não existem atalhos, mas, sim, a decisão de crescer em Jesus, permanecer nele e viver de forma efetiva seus propósitos na terra. Isso envolve o conhecimento da Palavra de Deus, a instauração de uma nova perspectiva sobre a própria vida, a convicção acerca de valores e a decisão de praticar aquilo que Deus nos confiou.

Exemplos de ministérios sob a base de discipulado:

- Celebrando a Recuperação
- Retiro Satisfação
- Retiro Restauração
- Curso de discipulado pessoal
- Curso Conhecendo Mais a Deus
- Instituto Propósitos de Ensino
- Escola Bíblica Dominical

5. A base de ministério

Todo crente é um ministro. Esse é o conceito fundamental da base de ministério ou serviço. Esse propósito foi revelado por Deus por meio do Grande Mandamento, o qual ensina que amar ao próximo não é uma escolha, mas um dever: "Ame o seu próximo como a si mesmo" (Mateus 22.39).

O que esta base visa gerar no seio da igreja é o coração de servo. Isso quer dizer que cada membro deve estar disposto a servir a qualquer pessoa, em qualquer lugar e a qualquer tempo, amando sem parar. É preciso estarmos atentos às necessidades das pessoas ao nosso redor, identificando onde e como podemos agir para compartilhar o amor de Deus.

Os pequenos grupos exercem um papel importantíssimo nesse contexto. Eles devem estar alinhados e envolvidos com as dinâmicas dos ministérios, potencializando as ações pela força do grupo e viabilizando a entrega do amor. Dessa forma, o trabalho voluntário está intrinsecamente ligado à dinâmica dos pequenos grupos.

Descobrindo sua FORMA

O processo de exercício do ministério acontece a partir da participação da Classe 301 — Descobrindo o meu Ministério.[1] Cada membro deve aprender a servir de acordo como Deus o criou, reconhecendo ser uma obra-prima de Deus para o exercício de seu plano na terra. Deus presenteou cada indivíduo com dons, talentos, paixões, experiências e personalidade que o capacitam a cumprir sua obra. O acróstico FORMA apresenta essas características:

> **F** ormação espiritual (dons)
> **O** pções do coração (paixões)
> **R** ecursos pessoais (habilidades)
> **M** odo de ser (personalidade)
> **Á** reas de experiência (experiências de vida)

Servir é palavra-chave para o crescimento da igreja. Ao amarmos os outros de forma prática, por meio do serviço, nós nos tornamos instrumentos de Deus para que pessoas sejam tocadas e transformadas por Jesus.

O curso FORMA ajuda pessoas a descobrir e vivenciar a plenitude da vontade de Deus para sua vida, de acordo com seu perfil. Tem por objetivo levar as pessoas a refletir sobre a melhor forma de colocar em prática a realidade de que são ministras do Senhor. 1Pedro 4.10 corrobora essa visão: "Cada um exerça o dom que recebeu para servir os outros, administrando fielmente a graça de Deus em suas múltiplas formas".

Apoiando os ministérios

A base de ministério organiza a estrutura ministerial da igreja a fim de maximizar a atuação de cada ministério. Para isso, oferece treinamentos e oportunidades práticas de serviço, auxilia na indicação e formação de líderes, estabelece um padrão mínimo de qualidade e providencia todo o apoio necessário.

---

[1] Para mais detalhes, veja o capítulo 15, "As classes de maturidade: o crescimento saudável".

De forma prática, esse apoio se traduz em suporte material, infraestrutura, comunicação e divulgação dos ministérios. Além disso, inclui apoio moral, no sentido de delegar autoridade com responsabilidade, motivando e acreditando nos programas realizados. Visa extrair o melhor das pessoas, dando-lhes desafios, controle e créditos! As pessoas serão tão criativas quanto a estrutura permitir que sejam.

Outro aspecto importante é que cada pessoa sinta a liberdade de deixar um ministério ou substituí-lo por outro, à medida que entende que sua FORMA é mais adequada em outras áreas.

Por fim, é papel da base de ministério enfatizar a visão da igreja como um todo. Aqui, seguimos o exemplo de Neemias, que renovava a comunicação da visão global da obra a cada vinte e seis dias. Assim, as pessoas são constantemente inspiradas a servir com alegria, no centro da vontade de Deus.

A base de ministérios apoia todos os ministérios da igreja sob a gestão de qualquer uma das bases ou faixas etárias. No entanto, existem alguns ministérios específicos para essa área.

Exemplos de ministérios sob essa base:

- Ministério de apoio a voluntários
- Ministério da ceia do Senhor
- Ministério de enfermagem
- Ministério de estacionamento
- Ministério de alimentação
- Ministério de fotografia
- Ministério de segurança e brigada de incêndio
- Ministério de recepção

Capítulo 7

Alcançando e servindo as faixas etárias

A diferença entre gerações é cada vez mais acentuada em nossos dias. Desde crianças que entram em contato com novas tecnologias e novas tendências muito rapidamente, a adolescentes que lidam com desafios inéditos, e adultos que vivem numa nova configuração familiar, uma coisa é certa: para que a igreja comunique e sirva eficazmente à comunidade em que se encontra, precisará definir abordagens diferenciadas para cada faixa etária.

A igreja pode definir cinco faixas etárias principais, a saber:

- Crianças (0-12 anos), com uma subfase que podemos chamar de juniores ou pré-adolescentes (8-12 anos);
- Adolescentes (13-18 anos);
- Jovens (19-35 anos), separados em solteiros e jovens casais;
- Adultos (36-60 anos); e
- Másteres (acima de 61 anos);

Como veremos mais detalhadamente a seguir, as faixas etárias trabalharão diretamente com os cinco propósitos (bases), na chamada Matriz 5x5 na gestão ministerial da igreja.[1] Além disso, cada faixa etária deve viver os cinco propósitos internamente, aplicando-os de forma contextualizada ao público ao qual atende.

---

[1] Para mais detalhes, veja o capítulo 14, "Gestão ministerial".

Quando aplicamos corretamente os cinco propósitos em determinada faixa etária, ela se torna espiritualmente equilibrada e saudável. Todo organismo vivo que apresenta equilíbrio tende a se desenvolver e crescer. Assim, ser dirigido por propósitos não é apenas uma nova visão ou um método a ser implantado dentro de um ministério, mas uma visão de Deus que auxiliará você a alcançar os propósitos idealizados por ele para sua igreja.

Os propósitos estão no coração de cada faixa etária. Isso se refletirá em sua visão, sua missão, seus valores e, consequentemente, em todos os seus programas.

Como exemplo, apresentaremos uma visão geral das faixas etárias por meio desses itens. Tenha em mente, porém, que você deverá desenvolver cada um desses elementos de acordo com a sua realidade local.

A declaração de visão

Cada faixa etária tem uma declaração de visão própria, que servirá como orientação para futuras decisões estratégicas. Essa declaração visa responder à pergunta: "Para onde queremos ir?". Essa questão é importante porque se não soubermos para onde queremos ir, não chegaremos a lugar algum.

A declaração de visão tem sempre foco no futuro, não no presente ou no passado, devendo estar atrelada à macrovisão da igreja. É inspiradora e imutável. Deve ser breve e passível de memorização e, por fim, não deve se prender a números, ou seja, não é mensurável.

A declaração de missão

Uma declaração de missão esclarece os propósitos do seu ministério e a razão pela qual você existe. Também demonstra como alcançar a visão. Basicamente, responde à pergunta: "Por que estamos aqui?".

Uma declaração de missão deve:

- conter os cinco propósitos de Deus;
- estar ligada à visão, servindo de fundamento para o ministério;

- ser mensurável;
- ser motivacional;

Os valores

Os valores são guias e lembranças que auxiliam a sua equipe a manter-se concentrada. Mantém as pessoas na direção certa, norteando decisões, direcionando o curso e gerenciando recursos. Funcionam como código de conduta para toda a equipe, tornando mais fácil a tomada de decisão. Deixam claro para todos que os meios são importantes para alcançar o resultado final da organização.

As metas

Com a visão, a missão e os valores definidos, é hora de estabelecer metas claras. John Haggai esclarece: "A visão é o fundamento de toda a liderança [...], mas o ponto realmente crítico é o estabelecimento de uma série de passos específicos mensuráveis com o objetivo da realização da missão. Esses passos se chamam metas".[2]

As metas direcionam o nosso comportamento, definindo o que devemos e o que não devemos fazer. Precisamos das metas para estimular o progresso e para medi-lo. Ao nos comprometermos com metas, também desenvolveremos a determinação, a fé, a persistência, a coragem e o sentimento de responsabilidade.

Alcançando a sua audiência

Cada faixa etária determinará a sua ação para alcançar uma audiência determinada. Contudo, dentro de um mesmo grupo etário há diferentes níveis de compromisso com a igreja. Por isso, as faixas etárias também fazem uso dos círculos de compromisso a fim de definir suas estratégias. Suas ações serão endereçadas para a comunidade, a multidão, a congregação, os comprometidos ou o núcleo.[3]

---

[2] HAGGAI, John. Seja um líder de verdade. 1. ed. Venda Nova/MG: Betânia, 1990.
[3] Veja o capítulo 4, "Edificando uma igreja com propósitos".

Ao responder a esta pergunta, o ministério em questão passa a definir seus alvos. Um alvo definirá qual audiência responderá a determinada ação. Não é possível falar ao coração de jovens líderes de pequenos grupos e de jovens que estão fora da igreja ao mesmo tempo. Nem é possível lidar simultaneamente com casais conselheiros e casais que estão enfrentando um divórcio e buscando a igreja. Se você não mirar em nada, errará o tempo todo.

Estabelecer alvos permite que você avalie a sua audiência, de modo que saiba qual é o perfil das pessoas impactadas pelo seu ministério. Também faz você se lembrar dos propósitos, pois cada círculo de compromisso requer a ênfase em um dos propósitos. E ainda direciona você para o tipo de comunicação necessária e os programas a serem realizados.

Neste caso, nunca se esqueça de que a comunicação começa com o receptor e não com o emissor. As pessoas a quem você deseja alcançar precisam ser ouvidas e consideradas.

Esquema matricial 5x5 na faixa etária

A estrutura matricial combina dois aspectos fundamentais da sua forma organizacional: as bases e as faixas etárias. As bases ministeriais são cinco (adoração, missões, ministério, discipulado e comunhão), assim como as faixas etárias também são cinco (crianças, adolescentes, jovens, adultos e másteres) resultando em uma estrutura organizacional matricial 5X5.

Cada programa da igreja se associa aos diversos ministérios e é gerenciado em cada faixa etária conforme suas interfaces em cada base ministerial. Isso evita uma duplicação de tarefas, como, por exemplo, que em cada faixa etária se constituam equipes de louvor que não se encontrem alinhadas à base de adoração.[4]

Para evidenciar uma estrutura dirigida por propósitos em cada faixa etária, sugere-se uma relação matricial entre os cinco propósitos e os líderes etários de cada faixa. Assim, o ministério infanto-juvenil, por exemplo, deve possui um líder da base de adoração, um líder da base de comunhão, e assim para cada propósito. Ademais, também deve possuir líderes para cada

---

[4] Para mais detalhes, veja o capítulo 14, "Gestão ministerial".

subdivisão etária; no exemplo citado, um líder para crianças de 4 a 8 anos, um líder para juniores, e assim por diante. Esse sistema promove a interface constante de todos os líderes, ocasionando maiores chances de acertos.

1. *Bases dos propósitos*

As bases que devem ser atendidas são missões, adoração, comunhão, discipulado e ministério. O ideal é que haja para cada propósito um líder que levante essa "bandeira" dentro de todo o ministério. Assim, não haverá atenção desproporcional para determinado propósito, afetando negativamente a saúde daquela faixa etária. O líder da faixa etária guiará os líderes de base dentro de seu ministério.

2. *Subdivisões etárias*

Cada ministério estabelece uma subdivisão de faixas etárias ou perfis a serem atendidos. A faixa etária de adultos, por exemplo, diferencia casais, homens, mulheres, com líderes para cada frente. A juventude pode trabalhar separadamente com jovens universitários e jovens maduros. O responsável por uma área específica entende que é naquele ambiente que os propósitos são vivenciados e gerencia sua equipe de liderança e indiretamente os demais voluntários no grupo.

Um exemplo de faixas etárias

Como exemplo, mostraremos uma visão geral de cada uma das faixas etárias na Igreja da Cidade. Alguns conceitos são válidos para qualquer igreja que visa trabalhar nessas áreas. A visão, a missão, valores e metas, contudo, devem ser definidos de acordo com a realidade local.

1. *O ministério com crianças*

A visão do ministério com crianças é ganhar os pequenos para Jesus, conduzindo-os a uma vida de intimidade com Deus. Sua missão é que a luz de Cristo brilhe para as crianças e os juniores da comunidade. Para isso, procuramos envolvê-los em relacionamentos cristãos, desenvolvê-los no processo de crescimento espiritual e ajudá-los a encontrar espaços para servir na igreja e na comunidade, conduzindo-os a uma vida de total entrega a Deus, para poderem compartilhar Cristo com o mundo.

As subdivisões etárias desse ministério se apresentam da seguinte forma:

- 0 a 1 ano e 11 meses
- 2 e 3 anos
- 4 a 8 anos
- 9 a 12 anos (juniores)

Os valores do ministério infantil são:

V oluntários que servem satisfeitos
A legria e diversão
L ugar seguro
Ó tica no mundo Infanto-Juvenil
R espeito à individualidade
E nsino divertido e relevante
S uporte aos pais

Alguns conceitos importantes para o ministério com crianças são encontrados nesses valores, que detalhamos a seguir.

- **Voluntários que servem satisfeitos:** o voluntário precisa identificar seu dom, talento e aptidões para que atue numa área específica. Ele fará o melhor que puder e se sentirá satisfeito, o que resultará em um excelente desempenho com as crianças. Como a Bíblia ensina que todos os servos de Deus têm dons, todos somos ministros de Deus (Romanos 12.1-8).
- **Alegria e diversão:** é muito importante proporcionar um ambiente de alegria e diversão para as crianças. Essa combinação deve permear o currículo, o ambiente físico e os momentos de interação.

- **Lugar seguro:** o espaço destinado às crianças deve proporcionar conforto físico, emocional e espiritual. As crianças devem desfrutar de segurança física no ambiente. Alguns itens que merecem maior atenção são instalações como parquinho, brinquedos e banheiros, que devem ser dispostos de acordo com a faixa etária das crianças, protegendo-as de acidentes. Na recepção central, é preciso estabelecer um esquema seguro de acolhimento e entrega das crianças aos pais. O controle pode ser feito com as tradicionais etiquetas de identificação, com pulseiras numeradas e um banco de dados informatizado. Atenção especial deve ser dada aos voluntários. É preciso avaliar a vida do voluntário, segundo alguns critérios como antecedentes, envolvimento com a membresia, laços familiares, maturidade cristã, entre outros.

  O ambiente também deve proporcionar conforto emocional às crianças, de modo que considerem a igreja como um refúgio no qual podem abrir o coração, ser entendidas e ajudadas. O ambiente também deve permitir que as crianças experimentem ensinos direcionados para aproximá-las cada vez mais de Jesus.

- **Ótica no mundo infanto-juvenil:** o ministério deve ser encarado na ótica da criança. Essa percepção interfere nas avaliações dos programas existentes e nas diretrizes futuras. Talvez o benefício maior seja proteger o ambiente infantil, pois sempre haverá riscos de desvios, já que os líderes são adultos.

- **Respeito à individualidade:** é necessário proporcionar um ambiente em que as crianças experimentem um tratamento pastoral individualizado, recebendo ensinamentos aplicados diretamente a seu contexto de vida. O cuidado que os pastores dispensam às crianças e a mutualidade cultivada nos pequenos grupos servem de modelo para que elas aprendam a relacionar-se com os amigos da mesma fé. Para esse valor, nosso ministério tem um lema: "Em nosso ministério, todas as crianças são chamadas pelo nome!".

- **Ensino divertido e relevante:** as crianças precisam de um ambiente em que possam desfrutar de um ensino criativo e relevante. Para isso, é necessário vencer o abismo cultural bíblico com dinamismo e criatividade. Quanto mais atualizadas forem as informações, mais atrativo será o ministério. As crianças se sentirão atraídas pela Bíblia quando perceberem quanto esse livro é empolgante.
- **Suporte aos pais:** a responsabilidade primária na educação das crianças é dos pais (Deuteronômio 6.1-9), mas este ministério deve apresentar-se como parceiro, orientando os pais na educação dos filhos. A maneira de lidar com as crianças serve de modelo para os pais no ensino da Bíblia e no pastoreio intencional. O ministério promove, com esse objetivo, a Escola de Pais, encontros para o treinamento e discussões sobre o tema.

2. O ministério de adolescentes

O ELEVE Xtreme é o ministério da PIB em São José dos Campos voltado aos adolescentes e seus familiares. Cremos que os adolescentes são a igreja de hoje, e não do amanhã. Eles têm todas as condições de viver experiências marcantes com Deus. Além disso, podem funcionar como termostatos, regulando a temperatura do ambiente e levando transformação pela ação de Deus em sua vida. Procuramos apoiar o desenvolvimento físico, emocional, psicológico, social e espiritual dos adolescentes, gerando oportunidades para valorizá-los por sua energia, iniciativa e espontaneidade.

Além disso, preparamos os adolescentes para enfrentar ameaças ao desenvolvimento saudável, conduzindo-os a uma vida dedicada a Deus por meio de princípios bíblicos e da valorização da família. Assim, cada vez mais, as programações são criadas para os adolescentes e seus pais, de modo que a família se torne uma parceira importante nesse processo.

A visão desse ministério é transformar todo adolescente em um discípulo de Cristo. Sua missão é alcançar adolescentes para Jesus, agrupar a "galera", ajudá-los a crescer na fé, aplicando seus dons e talentos no ministério e adorando a Deus com sua vida. Para isso, os valores fundamentais são:

- Integridade
- Excelência
- Informalidade
- Amizade
- Treinamento
- Apoio

Dentre os principais programas realizados, destaca-se a celebração contemporânea dos sábados, com uma programação *teen* que fala na linguagem do adolescente. Aos domingos, realizamos uma celebração contemporânea também com a linguagem *teen*, desta vez especialmente voltada a adolescentes que ainda não frequentam a igreja.

Além dessas celebrações, trabalhamos com o Celebrando a Recuperação[5] contextualizado para essa faixa etária. O programa visa sensibilizar e encorajar os adolescentes para o crescimento espiritual e emocional, oferecendo um ambiente seguro no qual possam experimentar a graça salvadora de Jesus e superar vícios, maus hábitos e traumas.

O ministério de adolescentes está inserido no ministério de jovens segundo uma perspectiva ministerial e operacional global, porém o ministério acontece com liderança e celebrações distintas.

3. O ministério de jovens

ELEVE é o nome do ministério de juventude na nossa realidade local. A visão desse ministério é alcançar todos os jovens para Jesus.

Para isso, sua missão é conectar os jovens sem-igreja à família da fé, ajudá-los a crescer espiritualmente, incentivá-los a descobrir seu jeito de

---

[5] Para mais detalhes, veja o capítulo 17, "Celebrando a recuperação".

servir e fazer a diferença, despertá-los para um estilo de vida que honre a Deus e desafiá-los a compartilhar a fé com outros jovens.

É difícil definir ao certo o perfil do jovem dos nossos dias, mas essa é a faixa etária de maior expressão quantitativa na população brasileira. O jovem atual deseja viver uma vida relevante e intensa, sabendo por que está investindo sua energia em determinado lugar. Os jovens também estão sedentos por relacionamentos, pois a solidão é uma das grandes marcas da vida urbana. Além disso, num mundo de tantas possibilidades, o jovem procura entretenimento.

Uma das maiores características desse grupo é a busca por identidade. O período entre os 19 e os 35 anos envolve grandes decisões na vida de uma pessoa, inclusive seu direcionamento profissional e muitas vezes seu casamento e sua vida sentimental. O ministério com jovens deve atender a todas essas demandas, trabalhando na formação de caráter e disponibilizando ferramentas de Deus para que eles tomem decisões assertivas.

Para isso, os valores desse ministério são:

> **E** levar a intimidade com Deus
> **L** evar jovens à Cristo
> **E** xplorar o potencial do jovem para os propósitos de Deus
> **V** alorizar pessoas
> **E** xpressar o amor a Deus com autenticidade

Uma das estratégias que tem gerado grandes frutos é a subdivisão de faixas etárias e perfis na juventude, a saber:

- **Jovens de 19 a 29 anos:** mais novos e mais intensos, muitos são estudantes em processo de definição profissional; a maioria é solteira e ainda ligada aos pais.
- **Jovens acima de 30 anos:** mais maduros, porém ainda solteiros; grupo cada vez mais crescente, é formado por jovens com carreiras mais definidas, mais estáveis financeiramente e com desafios específicos.

- **Jovens casais (namorados, noivos e recém-casados):** tendem a se afastar da igreja quando iniciam um relacionamento; estão planejando o casamento ou vivendo o início da vida de casado; podem fazer grande uso de um cuidado diferenciado e da amizade com outros casais na mesma etapa de vida.

Essa diferenciação permite criar ambientes de pastoreio específico, com pequenos grupos e ministérios direcionados a cada perfil.

Os principais programas da juventude incluem celebrações direcionadas a cada perfil — na nossa realidade, acontecem aos sábados à noite. São celebrações alegres, diferenciadas e contextualizadas.

Um grupo importante a ser tratado é o de universitários. Há encontros semanais nos *campi* das faculdades, durante o intervalo das aulas. Esse encontro visa à comunhão, mas também o alcance de jovens sem-igreja.

O ministério de jovens também promove o Celebrando a Recuperação para esta faixa etária, com encontros próprios e palestras contextualizadas.

Os jovens têm, em sua maioria, mais disponibilidade de tempo e mais energia. Por isso, promovemos vigílias semanais, às sextas-feiras à noite.

O ministério de esportes é sempre promissor para esta faixa etária, promovendo treinamentos e encontros. As possibilidades são vastas: jiu-jítsu, judô, caratê, *skate*, futsal, vôlei e surfe. O ministério atende quem quer praticar esportes em um ambiente saudável e fazer novos amigos, funcionando como uma excelente porta para a evangelização.

4. O ministério de adultos

A visão do ministério de adultos é alcançar todos os adultos para Jesus. Sua missão é viabilizar a vivência dos cinco propósitos para os adultos, a saber: alcançá-los para Jesus, incluí-los na comunhão, desenvolver sua formação espiritual para servirem como são, de modo que glorifiquem a Deus com sua vida.

Os valores do ministério com adultos são:

A liança entre os casais
D esenvolvimento da formação espiritual
U nidade familiar
L ealdade incondicional
T estemunho cristão
O portunidade de servir
S ociabilidade intergeracional

Os principais programas para essa faixa etária dizem respeito aos casais, às mulheres e aos homens adultos, que são os pilares das famílias da igreja. Por isso, o cuidado com essa faixa etária é fundamental.

No que diz respeito aos casais, o objetivo é que todos tenham valores bíblicos como alicerce para um casamento feliz e saudável, cuja aliança nunca seja rompida. Alguns dos programas para esse perfil são o Curso de Noivos e encontro anual de renovação dos votos, entre outros. Além disso, o ministério conta com um time de conselheiros para atendimento a casais.

Feminina, o ministério com mulheres, realiza encontros mensais, além de encontros de oração semanais. Também cuida de mulheres grávidas, com especial apoio a mulheres com gestações indesejadas. O ministério com homens, chamado Homens de Honra é voltado ao discipulado e à integração do homem ao lar, à igreja e à sociedade, de forma que cause um impacto positivo e produtivo, segundo o propósito de Deus para sua existência. Pequenos grupos e encontros de mentoria são essenciais para o sucesso desse ministério.

Essa faixa etária também abriga um ministério de *singles*, ou seja, adultos maduros solteiros entre 36 e 59 anos, alguns deles divorciados, pais solteiros e viúvos.

Sob a gerência da faixa etária de adultos ainda temos os chamados ministérios globais. Trata-se de um nicho multifacetado de pessoas cujo elo comum é o idioma estrangeiro. Incluídos aqui estão os estrangeiros residentes, sejam eles profissionais a trabalho, estudantes, missionários, estagiários, turistas, ex-residentes no exterior ou aqueles que viajam frequentemente para outros países. Eles promovem celebrações e outros encontros em vários idiomas, como o inglês e o espanhol, além de uma escola de línguas e uma equipe voluntária de tradutores.

5. Diamante, o ministério dos másteres

A faixa etária da melhor idade tem crescido significativamente a cada ano no Brasil, graças ao aumento da expectativa de vida no país. A nova geração acima dos 60 anos chega com toda a força; não somente com os cabelos brancos, mas com muito vigor, bom ânimo e disposição para navegar na internet, fazer exercícios físicos, estudar, namorar e servir, dentre tantas outras coisas!

O ministério dos másteres visa atender a esse seleto grupo, com a visão de ganhar todas as pessoas desta etapa da vida para Jesus. Sua missão é ser um ministério customizado para atender às necessidades do idoso, contribuindo com sua forma de adorar a Deus, sua integração à família de Deus, o aprofundamento de sua formação espiritual, a manifestação do serviço ministerial e a motivação para alcançar outros para Jesus.

São valores deste precioso ministério:

>**M** áxima valorização da idiossincrasia do idoso
>**A** tenção aos anelos da terceira idade
>**S** uporte espiritual e emocional
>**T** ransformação de vida
>**E** xperiências e atividades compartilhadas
>**R** elacionamento intergeracional valorizado

É bom ser idoso e essa concepção deve ser divulgada por toda a igreja. Ser idoso é sinal de longevidade, idoneidade, experiência e sabedoria. Tito 2.3,4 define o perfil do idoso, associando-o a moderação, respeitabilidade, prudência, firmeza na fé, no amor e na constância, comportamento exemplar, honestidade e domínio próprio.

A igreja precisa cuidar de forma especial desta faixa etária, assistindo aos que estão física, emocional ou espiritualmente debilitados, com amor, honra e respeito. Alguns dos programas deste ministério incluem visitas a enfermos em asilos e residências, palestras de orientações específicas para a terceira idade, encontros de comunhão e talentos, passeios e viagens de comunhão e missionárias.

PARTE 3
A liderança com propósitos

Capítulo 8
O líder com propósitos

Tudo começa ou termina na liderança. A vida e os valores do líder determinarão a qualidade e eficiência do processo. O desafio para isso está, em primeiro lugar, na autoliderança.

Qual é sua filosofia de liderança? Quem é seu modelo de liderança na igreja local?

Jesus é o nosso maior modelo de liderança. Poderíamos dizer que ele iniciou uma "companhia global" mais de dois mil anos atrás, e orientou sua equipe para levar o que essa companhia oferecia até o fim do mundo. A companhia de Jesus é hoje a maior do mundo, com 2 bilhões de associados. Cresceu muito, apesar de sua equipe empreendedora inicial ter sido constituída por 12 homens simples. O negócio está presente nos ramos da educação, saúde, construção, artes e cultura, comunicações, ação social, entre tantos outros. De fato, Jesus foi um líder extremamente bem-sucedido, um homem simples e extraordinário!

Aprendemos com Jesus que liderar é *influenciar* e *conduzir* pessoas. Podemos definir a liderança a partir dessas duas ações. Um líder cristão saudável entende bem essa definição e é bem resolvido com Deus, consigo mesmo e com o próximo. Entende sua filiação à família de Deus, bem como sua função como servo.

Sabemos que nem todos que ocupam uma função de liderança são realmente líderes. A verdade é que há enorme diferença entre aqueles que possuem somente um título e aqueles que realmente lideram.

A liderança é uma *habilidade* dada por Deus às pessoas, independentemente da sua fé. Contudo, também é um *dom*, um chamado de Deus para que seus filhos a exerçam com zelo e para sua glória (Romanos 12.8).

Como dom, a liderança cristã pode ser definida como o ato de *servir*. É ir ao encontro da dor das pessoas, suprindo suas necessidades. É leva-las a descobrir um lugar que ainda não podem ver e conduzi-las de forma que cheguem lá, cumprindo os propósitos de Deus.

Veremos neste capítulo algumas características de líderes que Jesus demonstrou e precisam estar presentes também em sua vida como líder comissionado por ele.

Um líder trabalhador

Jesus encontrou aqueles que viriam a ser seus discípulos da seguinte forma: "Viu à beira do lago dois barcos, deixados ali pelos pescadores, que estavam lavando as suas redes" (Lucas 5.2). Eles se dedicavam ao difícil e meticuloso trabalho de lavar as redes.

Os líderes devem ser dedicados ao seu trabalho. Como Erwin McManus afirma: "O propósito da igreja não pode ser a sobrevivência, ou mesmo a prosperidade, mas sim o serviço".[1]

Um líder aprendiz

O líder que Jesus procura é alguém disposto a aprender. O texto de Lucas 5 continua narrando que Jesus "entrou num dos barcos, o que pertencia a Simão, e pediu-lhe que o afastasse um pouco da praia. Então sentou-se, e do barco ensinava o povo" (Lucas 5.3). Seus discípulos ouviam seus ensinamentos o tempo todo.

Um líder que não aceita mudanças certamente não tem um coração aprendiz. Por isso, não pode ser a mesma pessoa durante dez anos! Ele deve

---

[1] McManus, Erwin. Uma força em movimento. São Paulo: Garimpo Editorial, 2009.

aprender mais, desenvolver-se, ter novas ideias. Deve ser promotor de mudanças, artífice da alma humana, apaixonado por restauração de vidas, promotor da vida, da cultura e da justiça.

Como resultado desse tipo de liderança, a igreja também precisa estar constantemente levando a luz ao futuro. A igreja nunca deve estar voltada para o passado. Uma igreja que está em movimento precisa viver de forma orgânica e saudável, concentrando-se basicamente em cinco pontos:

1. Antecipação e promoção de mudanças
2. Renovação do ambiente
3. Reprodução espontânea
4. Ecossistema equilibrado (com Deus, com as pessoas e com o mundo)
5. Inovação criativa no ministério

Lembre-se: a igreja que não se movimenta e não serve, atrofia. Como um organismo vivo, a igreja que não se exercita, que não pratica o que sabe e crê, acaba atrofiada (Tiago 2.26).

E quando esse dinamismo acontece na prática? Quando as pessoas se doam e vivem para além de si mesmas.

A movimentação na igreja hoje é mais acelerada do que nunca. As mudanças no nosso tempo, além de inevitáveis, são cada vez mais rápidas. Houve um tempo em que era possível falar sobre três gerações de uma única forma. O exemplo bíblico da expressão "Abraão, Isaque e Jacó" ilustra essa continuidade, pois se falava num período de mais de quinhentos anos como se fosse uma única geração.

Abraão, Isaque e Jacó tinham o mesmo tipo de roupa, comida, música, educação familiar, crenças e visão de mundo. Mas pense nas mudanças que você pode encontrar em relação a seus avós ou mesmo seus pais! Especialistas delimitavam o período de uma geração em cerca de quarenta anos não faz muito tempo. Atualmente, fala-se em apenas uma década.

A igreja está inserida nesse contexto. Vivemos em uma era na qual a descontinuidade reina, em um período de grande turbulência cultural. Mudanças sempre ocorreram e não são novidade, a questão é que hoje elas acontecem à velocidade da luz!

No passado, os pastores foram treinados para preservar o passado, em vez de preparem suas igrejas para o futuro. Igrejas radicais não geram transformação, assim como crentes legalistas não se santificam. Para certas igrejas, se o século XX um dia voltar, elas estarão prontas!

Um líder que aceita desafios maiores

Um líder que está disposto a aprender e a passar por mudanças cada vez mais rápidas deve estar disposto a enfrentar desafios cada vez maiores, pois essa é a consequência desse movimento da igreja.

Vemos que Jesus desafiou os discípulos a tarefas nunca antes pensadas por eles. De acordo com o evangelho de Lucas, Jesus lança o desafio: "Tendo acabado de falar, disse a Simão: 'Vá para onde as águas são mais fundas', e a todos: 'Lancem as redes para a pesca'" (Lucas 5.4-6).

Como as palavras de Jesus mostram, um líder deve estar disposto a ir mais além, a dar um passo a mais. Deve estar pronto a dizer "sim" aos grandes desafios que certamente se apresentarão à sua frente.

Um líder que entende a importância da equipe

No episódio narrado em Lucas 5, vemos que os discípulos foram desafiados a trabalhar em equipe: "Então fizeram sinais a seus companheiros no outro barco, para que viessem ajudá-los; e eles vieram e encheram ambos os barcos, ao ponto de começarem a afundar" (Lucas 5.7).

Todo líder precisa entender a importância do trabalho em conjunto, mas também a pagar o preço por ele. Por vezes temos a impressão de que sozinhos resolveremos as coisas mais rapidamente. Isso pode ser verdade em certa instância e por algum tempo. No entanto, a verdade é que, por mais que possamos ir *mais rápido* sozinhos, só podemos ir *mais longe* em equipe.

Um líder que admite suas fraquezas espirituais

Veja como Pedro confessa suas fragilidades espirituais: "Quando Simão Pedro viu isso, prostrou-se aos pés de Jesus e disse: 'Afasta-te de mim, Senhor, porque sou um homem pecador!' " (Lucas 5.8).

Admitir-se pecador é saber que você está a um passo da queda. Todo líder precisa ter claro para si qual é sua maior luta. A Palavra nos assegura que Deus lutará por nós (1Samuel 8.20), mas precisamos reconhecer quais são nossos inimigos. Saber quem é seu inimigo significa identificá-lo, conhecer seus métodos e suas estratégias, sua linguagem, sua localização e, assim, ficar alerta e não ser pego de surpresa quando for atacado.

Em primeiro lugar, nosso inimigo é o Diabo: "Estejam alertas e vigiem. O Diabo, o inimigo de vocês, anda ao redor como leão, rugindo e procurando a quem possa devorar" (1Pedro 5.8). Não é porque Satanás é um ser espiritual que ele não pode atuar no mundo físico e real. É justamente no mundo dos homens que o inimigo tem sua meta de conquista.

Em segundo lugar, meu inimigo sou eu mesmo: "[...] pois o homem é escravo daquilo que o domina"(2Pedro 2.19). Todo líder precisa saber qual é seu ponto fraco, quais são suas vulnerabilidades, fraquezas e necessidades. Afinal, todos nós somos vulneráveis. Ninguém cai porque pensa que é fraco, mas porque pensa que é forte demais.

Para se fortalecer e não ser facilmente surpreendido e atingido, não se espante com sua própria fraqueza, pois ela poderá tornar-se sua maior inimiga. Ou você controla sua fraqueza, ou ela controla você, sua casa e seus relacionamentos. Não despreze a verdade de que o ego pode ser seu maior problema.

É a partir desse princípio que temos crescido muito com a implantação dos valores do programa Celebrando a Recuperação para a liderança e toda a igreja.

Um líder disponível para uma causa

Um líder com as características que Jesus busca é alguém que luta por causas maiores do que ele mesmo, entendendo a natureza do chamado de Deus para sua vida. Jesus apresentou esse chamado a Pedro, quando lhe disse: "Não tenha medo; de agora em diante você será pescador de homens" (Lucas 5.10).

Nada se faz sem um líder apaixonado e fiel a Deus!

Um líder que entende o preço da renúncia

A Palavra nos mostra que os discípulos tiveram de renunciar a tudo o que tinham conquistado para seguirem a Jesus: "Eles então arrastaram seus barcos para a praia, deixaram tudo e o seguiram" (Lucas 5.11). Um líder segundo o coração de Deus e pronto para cumprir seus propósitos terá de pagar o preço da renúncia!

Querido líder, a sua liderança começa com a forma pela qual você lidera a sua própria vida. Por isso, seja trabalhador e aprendiz, faça sacrifícios, trabalhe em equipe, admita as suas fraquezas espirituais, mantenha-se focado em sua missão e renuncie a coisas importantes para que você avance. Certamente essas características não são garantia total de sucesso, mas representam um grande começo para um ministério eficiente e eficaz. O preço da rendição é inegociável para Deus no processo. Sem rendição não existe mudança saudável.

O desafio da liderança da igreja

O desafio da liderança da igreja consiste em liderar pessoas à realização e ao cumprimento dos propósitos divinos. Para que isso aconteça, poderíamos abordar dezenas de características necessárias para o líder eficiente e saudável. Contudo, podemos apresentar cinco grupos principais de habilidades que permitem ao líder cumprir sua missão.

1. Habilidades visionárias

O foco da liderança está sempre no futuro. Isso quer dizer que seu planejamento deve estar alinhado com sua visão, e nunca o contrário. Líderes são pessoas que vivem no futuro. Esse conjunto de habilidades envolve pelo menos quatro competências:

1. **Captar a visão:** receber a visão de Deus, que será convincente e sustentável em sua realização.

2. **Compartilhar a visão:** ser capaz de lançar e compartilhar a visão, orando por clareza em seu entendimento e execução.

3. **Concretizar a visão:** orar pela disponibilidade de recursos e o compromisso de cumprir integralmente a visão.

4. **Comissionar a visão:** para multiplicar a visão na congregação, avaliando-a sempre, pois facilmente nos desviamos dela.

2. Habilidades para tomada de decisão

A canalização da liderança é a *criatividade*, que acontecerá mediante suas decisões. O que diferencia a liderança sênior da liderança auxiliar é que a primeira está para decidir. Isso não pode ser delegado! Do contrário, você estará apenas seguindo, e não liderando. Liderar é tomar decisões.

As habilidades decisórias incluem uma percepção macro e uma percepção micro da realidade. Para pensar fora da caixa, numa perspectiva macro, você precisará, antes, pensar dentro da caixa, ou seja, tomar boas decisões num ambiente micro. Decisões assertivas e criativas também demandam disciplina do líder.

Tomar decisões criativas significa ir além da eficiência, ou seja, de um rendimento ou efeito satisfatório. É chegar à eficácia, que é fazer a coisa certa no momento certo, com resultados certos. Para isso, é necessário um alinhamento contínuo com os apontamentos divinos. Essa é uma ferramenta imprescindível na tomada de decisões. Grandes decisões exigem certeza absoluta da vontade de Deus.

3. Habilidades para liderar através das mudanças

O desafio da liderança é a *transformação*. Como dissemos anteriormente, o líder deve conduzir a igreja em meio a mudanças. Para isso, pode fazer uso de um plano de trabalho estratégico. O planejamento estratégico apresenta de forma clara as mudanças a caminho, tanto as comuns quanto as extraordinárias. Somos criaturas de hábitos constantes, e a sistematização de um plano estratégico apoia o líder na condução da igreja em meio a um cenário de mudanças.

4. Habilidades para resolução de conflitos

A capacidade da liderança é revelada na *equipe*. O líder deve ser capaz de conduzir sua equipe em direção à visão; contudo, os conflitos são inevitáveis e até mesmo necessários. O líder deve saber lidar com essas situações, buscando sabedoria e discernimento de Deus para a resolução dos conflitos, focando no problema e não nas pessoas e fazendo que a equipe cresça e se fortaleça.

5. Habilidades para liderança pessoal

O capital da liderança é a *confiança*. Só ela é capaz de gerar créditos! Por isso, a liderança pessoal, ou a autoliderança comentada anteriormente, é de extrema importância para guiar todo o processo. Ninguém, em perfeito juízo humano e espiritual, confiará a sua própria vida e a vida de sua família a um líder aventureiro e inconstante.

O desafio da liderança comunitária

Alguns dizem com pesar que já não existem igrejas como antigamente. Particularmente, acho essa uma boa notícia, porque não existem igrejas *para* antigamente! Uma igreja que cumpre seu papel no mundo é uma igreja capaz de interagir com a cultura emergente (Lucas 10.1-12).

No entanto, como a igreja deve se posicionar frente aos desafios de seu tempo? Gosto muito do estilo do apóstolo Paulo, que nunca se mostrou ingênuo com respeito à situação do mundo, nem se deixou vencer pelo negativismo. Pelo contrário, posicionou-se de forma estratégica e otimista. Ele mesmo disse: "Aproveitando ao máximo cada oportunidade, porque os dias são maus" (Efésios 5.16).

O líder precisa ver a oportunidade em meio às dificuldades, e assim conduzir seu povo. Nosso desafio como pastores e líderes de igrejas é pregar e viver uma mensagem que *nunca* muda, em meio a um contexto social, cultural, tecnológico, relacional e religioso em constante mudança. Uma antiga expressão em latim diz: *Tempora mutantur et nos mutamur in illis*, que significa: "Os tempos mudam, e nós mudamos com eles".

Hoje, as igrejas podem ser enquadradas basicamente em cinco grupos no que diz respeito a mudanças:

1. **Igrejas retroativas:** têm medo de mudanças e estão na contramão da história. Assumem posturas conservadoras, geralmente lideradas por denominações.
2. **Igrejas resistentes:** resistem a realizar mudanças e vivem em pleno processo de estagnação e decréscimo. Seus líderes estão cada vez mais acuados e isolados.
3. **Igrejas reativas:** decidem fazer algo a respeito das mudanças à sua volta somente depois que a mudança já aconteceu e se estabeleceu.
4. **Igrejas responsivas:** fazem ajustes e transições enquanto as mudanças acontecem.
5. **Igrejas redentoras:** tentam ser proativas em sua missão, procurando antecipar-se às mudanças e dirigi-las. São inovadoras, chegando a ditar as tendências na cultura emergente. É aqui que todos devemos chegar como igrejas saudáveis e dirigidas por propósitos.

Você pode perguntar: "Por que minha igreja precisa mudar?". A resposta é simples: porque é preciso continuar comunicando o evangelho e transformando vidas. Nosso negócio é pessoas!

A igreja está inserida hoje numa sociedade que passa por seis problemas básicos. Contudo, pode prevalecer sobre todos eles a partir de uma liderança bíblica e saudável:

1. **O problema intelectual:** A verdade objetiva e absoluta perde espaço para a sensibilidade pessoal e subjetiva. Testemunhamos em nossa época a racionalização do pecado. A despeito do que a Bíblia define como pecado, o indivíduo pensa: "Bom, não é isso que eu acho!". Isso significa que não importa o que a Bíblia diz, mas, sim, a interpretação pessoal. Nunca racionalize o pecado!
2. **O problema moral:** O senso de autoridade bíblica dá lugar à cultura das crenças e dos desejos pessoais. A ética e a moral comunitária são substituídas pela moralidade pós-moderna amplamente

divulgada em *slogans* como "Simplesmente faça", "Mate a sua sede", "Seja o que você quiser" ou "Mude os seus conceitos". Aqui, o pecado é relativizado, algo que nunca deve ser feito!

3. **O problema cultural:** Vemos aqui a perda do senso de comunidade para o culto ao individualismo. O ser humano passa a ser o centro de tudo.
4. **O problema espiritual:** A crise da fé, ou seja, naquilo em que cremos, acontece paralelamente à crise da linguagem da fé, isto é, como comunicamos aquilo em que cremos.
5. **O problema eclesiástico:** As estruturas não facilitam o ministério e o cumprimento da missão. Precisamos ser fiéis a Deus no tempo e contexto em que vivemos.
6. **O problema de autoridade:** Os "donos de igrejas" acusaram e desprezaram tanto seus pastores, que agora vivemos um efeito colateral, de abusos de poder dentro da igreja, com pastores que não prestam contas a ninguém e sentem-se sócios de Deus.

Como a igreja que é relevante em sua cultura deve encarar e resolver essas questões? Em primeiro lugar, mudando a forma como vê o mundo. Muitas comunidades, influenciadas por suas lideranças, veem o mundo como um lugar de pessoas depravadas, perdidas e sem solução. Por outro lado, é preciso mudar a forma como o mundo vê a igreja, pois sua imagem muitas vezes é caracterizada como moralista, individualista, arrogante, ditadora, irrelevante e prepotente.

Para quebrar essas barreiras, a igreja precisa cumprir seus propósitos na terra. Dietrich Bonhoeffer declarou: "A Igreja só existe como igreja, quando é relevante para os outros".

Por isso, seja uma igreja que ofereça pães frescos todos os dias para as pessoas! Responda às perguntas que estão sendo feitas hoje!

Mantendo a missão da igreja

A boa notícia é que a igreja é uma instituição divina, instituída pelo próprio Senhor Jesus Cristo, e por isso prevalecerá!

"E eu lhe digo que você é Pedro, e sobre esta pedra edificarei a minha igreja, e as portas do Hades não poderão vencê-la. Eu lhe darei as chaves do Reino dos céus; o que você ligar na terra terá sido ligado nos céus, e o que você desligar na terra terá sido desligado nos céus" (Mateus 16.18,19)

A nenhuma outra instituição na terra foi conferida tanta autoridade espiritual. A Igreja de Cristo, não obstante seu local geográfico de atuação, tempo marcado na história, nome ou tamanho, tem uma missão e uma agenda de trabalho deixadas por seu Mestre.

A Grande Comissão dada por Cristo define a missão dos 70 discípulos enviados para pregar o evangelho ao mundo (Lucas 10.1) e representa diretamente a missão e natureza da igreja através dos séculos. É essa missão que deve ser o alvo da igreja enquanto ela atua na cultura emergente.

A missão da igreja possui valores inegociáveis, pois foi comissionada por Cristo. Os líderes não podem esquecer-se de que a missão da igreja não é chefiada por homens, mas é orientada e liderada pelo Senhor Jesus.

A missão da Igreja tem um foco tanto global quanto local. A Grande Comissão endereça tanto "Jerusalém" quanto "todas as nações" (Atos 1.8). Nenhuma igreja é tão pequena ou tão sem recursos que não possa plantar igrejas em qualquer lugar do mundo. O que nos limita não é a falta de recursos, mas sim a falta de visão, fé e coragem! A missão da igreja, porém, também tem um foco local, pois toda sua ação nasce com base na igreja local.

A missão da igreja é agregar novos discípulos. Lucas 10 narra como Jesus comissionou "outros setenta". A missão da igreja de Cristo não é tarefa de alguns, seja do pastor ou da liderança, mas de todos os salvos. O fato de enviar "outros setenta" revela que outros grupos haviam sido enviados antes. Assim acontece nas igrejas locais, em que muitos já foram e outros virão. Este é, contudo, o nosso tempo, o tempo de juntos realizarmos a missão que Jesus nos confiou. Quanto mais pessoas, melhor! Deus enviará pessoas sobrenaturalmente para que a missão da igreja se realize. Por isso, peça sempre por "outros setenta".

A missão da igreja é de vanguarda. Lucas 10.1 revela que Jesus enviou seus discípulos "adiante dele". As pessoas enviadas adiante de Jesus foram a lugares em que ele ainda não havia estado. Esses lugares representam locais físicos, mas também situações nunca antes alcançadas e métodos inovadores nunca antes experimentados. A igreja precisa ser pioneira e inovadora. Não pode ser a última a chegar; pelo contrário, precisa ser norteadora e apontar caminhos e soluções para a sociedade.

Jesus deseja que sua igreja e seus discípulos tenham uma visão voltada para o futuro, adiante de seu tempo, antecipando boas novidades para o Reino. A Igreja precisa ser precursora, não copiadora.

A missão da igreja de Cristo envolve a cooperação. Por isso, Jesus enviou seus discípulos "dois a dois" (Lucas 10.1). A missão da igreja nunca foi realizada por um indivíduo isolado; começou com pelo menos 13 pessoas. Se quisermos fazer um trabalho grandioso e relevante para servir às pessoas e honrar a Deus, precisamos caminhar juntos, dois a dois e lado a lado, para partilharmos as tristezas e as vitórias.

A missão da igreja existe para a glória global de Deus. Precisamos tornar Jesus conhecido em cada cidade, região, estado, no país e no mundo. A visão da igreja deve ser a glória global de Deus: "para que sejam conhecidos na terra os teus caminhos, a tua salvação entre todas as nações" (Salmos 67.2).

Quando a igreja de Cristo entende qual é sua missão, ela vive de maneira saudável. Reconhece que sua natureza não se constitui em um clube, uma escola, um teatro, uma ONG ou uma instituição social, uma empresa ou um partido político. Apesar de ter características comuns a instituições dessa natureza e utilizá-las como meios, a igreja é, acima de tudo, o Corpo de Cristo. A igreja é um organismo, não uma organização. Está escrito: "Com o fim de preparar os santos para a obra do ministério, para que o corpo de Cristo seja edificado" (Efésios 4.12).

Tire os seus interesses pessoais da frente e ponha a visão de Deus diante do povo. Você verá, então, os grandes resultados que a sua liderança alcançará na realidade local.

Os desafios da missão da igreja

A nossa missão será sempre desafiadora. Jesus disse: "A colheita é grande, mas os trabalhadores são poucos" (Mateus 9.37). Se os obreiros fossem muitos, não teríamos tantos desafios! A missão da igreja de Cristo sempre foi realizada por uma minoria fiel e consagrada. Não podemos esperar que a maioria o faça. Assim foi com Noé, Gideão e mesmo com Jesus.

No entanto, a minoria com Deus é maioria! Foi pela própria palavra divina que Gideão mandou para casa a maioria de seus homens (Juízes 7.6). Enquanto vivemos grandes desafios, experimentamos um tempo inédito de grandes oportunidades.

A missão da igreja é cercada de grandes riscos. A igreja de Cristo vive dias maus (Efésios 5.16), por isso precisa ser ágil, alerta e atenta. Estamos no meio de uma grande batalha espiritual (1Pedro 5.8). Os santos em guerra sempre correrão riscos para fazer cumprir a agenda do Senhor no mundo.

A despeito dos riscos, Jesus orientou que partíssemos para sua missão sem "bolsa, nem alforje" (cf. Mateus 10.10). Nossa missão é pautada pela fé.

A igreja precisa mostrar fé no exercício de sua missão, ao promover e instalar o Reino de Deus. A obra do Senhor só se realiza na totalidade e na eficácia que o Senhor deseja se empreendida por homens e mulheres de fé. Na obra em que nos envolvermos, a menos que Deus faça um milagre, fracassaremos!

A missão da igreja é marcada pela paz. Jesus orientou que seus discípulos saudassem aqueles que o recebessem: "[...] digam: 'Que a paz esteja nesta casa' " (Mateus 10.12). Por isso, cremos que o Plano PEACE é uma estratégia divina para promover a paz no mundo, atando os cinco principais problemas mundiais. A mensagem que levamos é paz, pois Cristo é o Príncipe da Paz. Esse objetivo não é alcançado com palavras, mas com a ação prática da igreja no mundo.

Jesus ainda orientou seus discípulos: "[...] não saúdem ninguém pelo caminho" (Lucas 10.4). Essa palavra diz respeito ao foco da nossa missão. Não devemos perder tempo com conversas inúteis, pois Jesus está voltando! Milhares de pessoas morrem todos os dias sem conhecer Jesus como Senhor de suas vidas. Infelizmente, há muitas igrejas e líderes perdendo tempo. A nossa agenda precisa de urgência em sua execução.

A missão da igreja é flexível às necessidades das pessoas. Pregar é viver o evangelho, e isso inclui suprir necessidades. Assim, a agenda deve ser flexível para atender às necessidade do momento. Jesus disse que os discípulos deveriam curar os enfermos que eventualmente encontrassem. A igreja de Cristo tem a missão de levar a cura física e espiritual ao povo. Por isso, por mais que se planejem muitas coisas, a execução das ações da igreja precisa sempre estar aberta ao mover do Espírito Santo de Deus.

A missão da igreja é profética, pois é nosso papel anunciar o Reino: "[...] digam-lhes: O Reino de Deus está próximo de vocês" (Lucas 10.9). Ao praticarmos os propósitos de Deus em nossa vida e igreja, estaremos dizendo ao mundo que Jesus está voltando.

Apocalipse 1.3 anuncia: "Feliz aquele que lê as palavras desta profecia e felizes aqueles que ouvem e guardam o que nela está escrito, porque o tempo está próximo". Todavia, é preciso que a volta de Jesus seja proclamada: "Se a trombeta não emitir um som claro, quem se preparará para a batalha?" (1Coríntios 14.8).

É a igreja que tocará a trombeta!

Capítulo 9
Formando uma equipe colegiada

Você pode seguir mais rápido sozinho, mas somente irá mais longe servindo e liderando em equipe. Entenda isso definitivamente! Líderes saudáveis trabalham em time e em equipe competentes. Somente ditadores trabalham com subalternos.

Este é um princípio bíblico:

> De acordo com a ordem de seu pai Davi, designou os grupos dos sacerdotes para as suas tarefas, e os levitas para conduzirem o louvor e ajudarem os sacerdotes, conforme as determinações diárias (2Crônicas 8.14).

Trabalhar em equipe é uma tarefa desafiadora em qualquer ministério. A formação de uma equipe ministerial — do ministério geral da igreja, como também de equipes do ministério de adoração — é parte fundamental para a transição e seu sucesso. Parte deste desafio é que uma boa equipe é algo que se constrói aos poucos, sem pressa. Exige muita perseverança, pois nenhuma equipe nasce formada. Ela se constitui ao longo do tempo, em cada falha e acerto, cada derrota e cada vitória, cada dor e cada alegria, em cada chegada e cada saída de pessoas.

Doses de paciência, convicção de chamado e altruísmo são elementos indispensáveis para uma equipe permanecer. Todavia, é extremamente compensador trabalhar em equipe. Os resultados positivos são maiores que os problemas de percurso, e à medida que os anos passam, olhamos para trás e percebemos quanto foi realizado e quantas vidas foram abençoadas, coisas que realmente seriam impossíveis para uma pessoa realizar sozinha.

Tendo isso em mente, eu gostaria de compartilhar com você algumas orientações para formação de uma equipe de ministério. Listarei a seguir alguns passos válidos tanto para a formação de equipes do ministério geral da igreja quanto para equipes específicas do ministério de adoração.

Comece com Deus

A pior tragédia para um líder é ter uma equipe de ministério formada por pessoas que apenas ele escolheu. Se esse é o seu caso, comece a clamar por misericórdia e por um milagre hoje mesmo. Porém, não se desespere, pois cremos que milagres acontecem!

Para que esta não venha a ser a sua realidade, comece conversando com Deus! Coloque em prática a sua Palavra: "Clame a mim e eu responderei e lhe direi coisas grandiosas e insondáveis que você não conhece" (Jeremias 33.3).

Deus conhece você como ninguém. Sabe qual é seu temperamento, sua personalidade, seus gostos e suas aptidões. Da mesma forma, conhece seu ministério e sua igreja, e deseja o melhor para você. O intuito de Deus é dar a você as pessoas certas, que somarão e multiplicarão sua equipe de trabalho. Ao orar, creia que Deus tem as pessoas certas, capacitadas por ele, para fazer um grande ministério ao seu lado.

Para isso, é necessário dar tempo para Deus, para que ele fale e mostre a pessoa correta. Lembre-se de que Deus está edificando sua igreja (Mateus 18.16). Sua pressa não está necessariamente no cronograma de trabalho de Deus, por isso despenda tempo para oração e meditação na Palavra. Sugiro um retiro espiritual, um tempo de conversa a sós com Deus, acompanhado de jejum e clamor, um tempo de fortificação espiritual e busca por discernimento.

Você precisará disso, devido às decisões sérias que estará prestes a tomar, envolvendo a sua vida e vida de sua família, de sua igreja, dos seus colegas que serão convidados, além de deslocamentos e despesas, entre outros. Por isso, não pressione Deus; pelo contrário, combine com ele um tempo especial de devoção e adoração. Por fim, tenha fé de que, quando Deus mostrar a pessoa certa, o Espírito Santo testificará ao seu espírito que se trata da pessoa que ele escolheu para trabalhar com você.

Se você não iniciar exatamente nesse ponto, todo processo estará fadado ao fracasso. A base sólida de cada decisão é o próprio Deus!

Comece com pessoas de tempo parcial

A maioria das igrejas evangélicas brasileiras ainda não tem recursos ou visão para uma equipe de pessoas servindo na igreja em tempo integral. Embora isso ainda seja uma realidade de poucas igrejas, você precisa começar a caminhar nessa direção. Nossa equipe começou com um número bem reduzido de colaboradores, mas vem passando por contínuas expansões nos últimos anos.

Minha sugestão é que você comece com líderes de tempo parcial, pessoas escolhidas por Deus e que trabalham secularmente, mas que tenham a convicção de chamada para o ministério. Lembre-se de que todo crente é um ministro, e a doutrina do sacerdócio dos crentes é bíblica.

Não esteja fechado à dinâmica do Espírito Santo de Deus. Ele não chama apenas pastores para o ministério; inclusive, ser pastor é um dom, e não uma função.

O ministro de missões da minha equipe, por exemplo, é um economista aposentado de um banco federal; a minha ex-ministra de crianças foi nutricionista em um hospital por alguns anos, e assim por diante. Alguns na minha equipe não têm formação teológica, mas possuem o dom e o chamado e, aos poucos, estão aproveitando oportunidades de treinamentos específicos. Além disso, temos uma equipe pastoral formada em seminários teológicos.

A questão central é não ser inflexível nesta questão. Quando você pede alguém a Deus, não pode definir um perfil fechado e mandar que o

Senhor trabalhe em cima de sua visão. As coisas não funcionam assim no Reino de Deus!

Como recomendamos no início, comece com pessoas de tempo parcial. À medida que a igreja for crescendo e a demanda dos ministérios exigir mais de você e da sua equipe, a igreja entenderá que é preciso formar uma equipe de tempo integral para equipar e treinar a igreja para a realização do ministério.

Ainda que sua equipe seja formada por pessoas de tempo parcial, é importante verificar o histórico de cada um. Ninguém muda na vida adulta, por isso procure observar se aquele indivíduo já teve problemas por onde passou. Sua trajetória é a melhor credencial de vida. Paulo, por exemplo, ao chegar em Corinto, disse isso à igreja, que lhe pedia cartas credenciais do sinédrio para pregar.

Não convoque pessoas para preencher vagas; antes, ore a Deus por líderes, pastores, ministros e servos que, chamados por ele e em plena consciência de ministério, se unirão a você para educar o povo de Deus para o ministério cristão.

Convide pessoas que acreditem em sua visão de ministério

Deus dá visão de ministério para sua igreja local ao líder humano e espiritual da comunidade. Deus põe um líder, e é a ele que Deus mostrará, de forma muito pessoal, a visão a ser seguida.

Quando comecei a montar minha equipe de ministério, não havia no Brasil tantas pessoas que conhecessem os princípios de igrejas dirigidas por propósitos. Contudo, quando comecei a convidar meus colegas, passei os princípios gerais pessoalmente a cada um, e questionei se estavam de acordo com tais princípios. Eles não sabiam tudo sobre o assunto (nem mesmo eu sabia), no entanto eram pessoas ensináveis e que, de maneira geral, aceitavam a visão. Aos poucos, todos foram entendendo esses princípios e hoje estão totalmente envolvidos com a visão. Cada um tem dado de si para ver a visão totalmente absorvida pela igreja.

Este aspecto é fundamental na formação da sua equipe. É impossível guiar um rebanho ao mesmo tempo que a liderança do núcleo contraria a visão do líder. Lembre-se de que "orquestra desafinada tem vida curta". Nos nossos anos de trabalho, a nossa equipe enfrentou duras críticas e oposições, todavia estamos todos unidos em torno da visão de Deus, e temos prosseguido em unidade.

Fazemos uso de uma estratégia para ajudar na escolha de pessoas afinadas com a equipe de ministério, inspirada na tese apontada no livro *Liderança corajosa*.[1] O autor Bill Hybels diz que os membros de sua equipe precisam ter 3 Cs: **C**aráter, **C**ompetência e **C**ombinação. Acrescentamos mais 2 Cs: **C**ontinuidade e **C**rescimento. Diante disso, desejamos que cada membro de nossa equipe tenha vida moral íntegra, competência para realizar o ministério, afinidade que combina com o pastor e demais líderes da equipe, visão de continuidade que resulta no permanecer em Cristo e compartilhamento da visão de crescimento.

Convide pessoas ensináveis

Não se preocupe em convidar "medalhões" para trabalhar com você; pelo contrário, trabalhe com pessoas ensináveis, gente em formação. Lembre-se sempre: Deus não chama capacitados; ele capacita os escolhidos.

Se Deus trouxer uma pessoa de destaque, um verdadeiro "fera" para trabalhar com você, tudo bem. Mas se Deus revelar alguém da própria igreja, um discípulo, invista nele e acompanhe seu crescimento e desenvolvimento. Participe intensamente de todas as fases, celebrando as vitórias e cuidando dos fracassos. Lembre-se de que um dia alguém investiu em você. Esse é o verdadeiro discipulado, vida na vida!

É importante notar que investir em pessoas ensináveis ou iniciantes não é o mesmo que convidar pessoas sem liderança e fracas em suas iniciativas. Se você tiver uma equipe medíocre, o seu ministério assim o será. Ao trabalhar com pessoas iniciantes, tome os seguintes cuidados:

---

[1] HYBELS, Bill. **Liderança corajosa**. São Paulo: Vida, 2002. Para mais detalhes, consulte a "Biblioteca Propósitos" ao final do livro.

Confira autoridade à equipe. Reafirme a autoridade da equipe diante da igreja. Em situações nas quais houver posturas contrárias ao seu posicionamento, não deixe que elas se acumulem. Procure seu liderado e deixe claro sua posição, explicando que tal fato não poderá acontecer novamente, em nome da unidade.

Delegue autoridade e cobre responsabilidades. Aprendi com o pastor Rick Warren que ou você controla tudo, ou a organização cresce. As duas coisas juntas não se sustentam ao longo dos anos. A igreja não é sua empresa, mas um movimento de Deus que precisa de sua liderança espiritual.

Encoraje sempre. Todos têm o direito de estar desanimados e desmotivados algum dia. Os problemas podem chegar a qualquer momento e de diferentes lugares. O líder da equipe é a pessoa que Deus usará para encorajar e motivar os outros líderes a prosseguirem na jornada. Problemas relacionados a resistência ao novo, medo de errar, enfermidades, dificuldades familiares e financeiras muitas vezes geram desânimo. O instrumento mais poderoso para um líder diante dos seus liderados é ministrar palavras certas, na hora certa e da forma certa. Lidere encorajando sempre!

Corrija com naturalidade os erros: Ninguém acertará sempre e o tempo todo. O líder não pode ser ingênuo em pensar o contrário, por isso mesmo você convidou aprendizes que vão crescendo aos poucos, de forma natural e pessoal. Não deixe, contudo, que os erros passem em branco, pois isso se tornará um grande problema no futuro. Por mais que seja desagradável corrigir erros, faça isso de forma natural e como parte do processo de unidade. Se você tem um colega que não aceita ser corrigido, a verdade é que ele não pode fazer parte de sua equipe. Você não precisa celebrar os erros, mas aprender com eles e assim corrigi-los no processo organizacional.

Saiba elogiar e aplaudir. Não economize neste item! Use palavras, gestos e presentes para dizer que a pessoa ultrapassou as suas expectativas. Elogiar atitudes vitoriosas é um elemento poderoso para que novos empreendimentos sejam vencedores no futuro. Palavras na hora certa são pérolas e combustível para prosseguir!

Cobre responsabilidades. Ninguém que está trabalhando na igreja pode dar menos do que faria na vida secular. A obra que abraçamos na igreja é excelente e não podemos nos contentar com menos que o melhor de cada um. Da mesma forma que você compartilha os louros da vitória de um ministério, também precisa cobrar responsabilidades, e diariamente. Não aceite amadorismo, "corpo mole" e desculpas repetidas para um mesmo problema.

Valorize a equipe diante da congregação. Reconhecer o valor do obreiro diante da congregação em datas festivas ou após grandes realizações é de suma importância para aumentar a autoridade do líder diante da igreja.

Ofereça treinamento. Ninguém nasce sabendo, e todos podem fazer melhor. Partindo dessas premissas, ofereça continuamente oportunidades de treinamento, reciclagem e formação. Grandes líderes são formados ao longo dos anos e, na maioria dos casos, alguém acima deles estimulou seu crescimento. Invista em treinamento e viagens para sua equipe ministerial. Ninguém pode dar aquilo que não recebeu e aprendeu. Nunca tenha medo, preconceito ou vergonha de aprender com os bem-sucedidos. O altruísmo é uma das virtudes dos vitoriosos.

Repasse regularmente a visão. Como Neemias fez com seus liderados durante a construção do muro de Jerusalém, você também precisa rever constantemente com seus líderes os pontos centrais da visão de Deus para o ministério. É preciso relembrar a missão, os valores e os propósitos a cada pessoa, dando sinais claros sobre o futuro, e com isso caminhando de forma segura e positiva em direção aos desafios que ainda serão propostos. Aquilo que ajudamos a construir, ajudamos a preservar.

Reparta o ministério. Ao convidar pessoas para trabalhar com você na liderança de uma igreja ou de um ministério, deixe bem claro que você não está convidando apenas auxiliares, mas está repartindo o seu ministério com eles. Isto implica confiança absoluta, dividir glórias e derrotas, delegar autoridade e cobrar responsabilidades e conduta leal. Uma equipe colegiada de ministério representa diante de um povo uma só pessoa, *o líder*, e por isso, a unidade e a cumplicidade de valores são indispensáveis.

Faça constantemente correções de curso. Em toda equipe de ministério, o segredo da longevidade são as constantes correções de cursos realizadas durante a caminhada rumo à visão de ministério recebida do Senhor. Este é um papel exclusivo do líder da equipe.

Entre o pastor líder da igreja e outros pastores auxiliares, sejam pastores ou ministros, de tempo integral ou parcial, a questão é a mesma, pois correções serão sempre necessárias. As correções de curso são feitas periódica e formalmente por meio de reuniões, e constantemente de maneira informal em conversas, cultos e no dia a dia dos obreiros. Nenhuma equipe, por mais bem intencionada que seja, permanecerá sem correções de curso. Um ministério em equipe não é um piquenique entre amigos.

Quando a única alternativa é dispensar. Na última vez em que escrevi sobre o assunto, não detalhei este ponto, não porque não sabia de sua existência, mas talvez pelo forte desejo de que jamais viesse a passar por este momento. Acreditava que, com muita conversa e correções, esta atitude drástica nunca seria necessária.

No entanto, a experiência de trabalhar em equipes me obriga a incluir um tópico sobre este ponto: o momento de demitir um membro da equipe. Não pense que será uma tarefa fácil; na verdade, talvez seja a mais difícil de todas as suas ações como líder. Espero sinceramente que você não tenha de passar por isso e que também eu não tenha de fazer isso novamente; todavia, se for o último caso, é preciso encarar a situação e resolvê-la da melhor forma possível.

Ao comunicar a pessoa, lembre a ela que esse é o último mecanismo a ser usado, mas ele existe e não pode ser negligenciado. Quando precisei usar esse recurso com um membro de minha equipe, algumas pessoas disseram que demitir um pastor é algo que não pode acontecer. Realmente, não existia na igreja pretérita, em que muitas coisas que também fazemos hoje não ocorriam. No entanto, na Bíblia este não é um assunto novo.

Considere a história de Paulo e João Marcos, por exemplo. Os dois amavam Jesus, eram vocacionados e já haviam realizados viagens juntos em tempos passados. Em determinado momento do ministério de Paulo, contudo, ele não pode prosseguir e houve uma separação.

Em termos práticos, não podemos manter a igreja do século passado e a atual funcionando juntas. Após uma transição, ou aceitamos tudo da nova visão, incluindo ônus e bônus, ou ficamos com o modelo anterior no qual não se podia demitir um membro da equipe, mas que também centenas de pessoas faziam a agenda dos líderes e emitiam comentários a respeito do que gostaram e do que não gostaram. Ao líder, cabe a prerrogativa de convidar e encerrar a parceria, porque se trata de um ministério colegiado, e não auxiliar; de um ministério compartilhado, e não auxiliado.

Quando chega um momento como este, o líder tem três caminhos possíveis a tomar. A primeira possibilidade é ignorar a situação e ver se as coisas se resolvem por si mesmas. A segunda é "queimar" o colega, ou seja, cortar aos poucos o oxigênio da pessoa, diminuindo suas possibilidades e sua visibilidade, até que fique completamente sem espaço e acabe deixando o ministério. Esta ação é politicamente mais fácil para o líder da equipe, que não sofre o desgaste de tomar a decisão. No entanto, esta é uma prática não cristã, infelizmente muito comum nos meios evangélicos tradicionais. A terceira possibilidade, que recomendo, é que, após uma longa rodada de conversas, avaliações e segundas chances, se encerre a caminhada, buscando-se fazer esse encerramento do modo mais pacífico possível, de forma que a igreja não venha a sofrer tanto. Sei que é o caminho mais difícil a ser tomado, porque existe um preço alto a ser pago. Com toda certeza, porém, a médio e longo prazo, é o melhor a ser feito para as três partes envolvidas: o líder, o liderado e a igreja. Uma recomendação final é nunca expor publicamente a pessoa demitida. Explique o básico e peça para a igreja confiar em você!

Tomar decisões com o coração é muito mais fácil, todavia um líder não pode insistir em agir com base no que ele acha, sente ou pensa, e sim com base no que Deus disse em sua Palavra, e na busca do conselho divino, por meio de oração e jejum. Obviamente, muitos que têm uma visão parcial não aceitarão a decisão e ficarão contra o líder, mas a esta altura o líder, seguro da vontade de Deus, de seus valores e de suas convicções, já decidiu a quem deseja agradar. Naturalmente os críticos se manifestarão, muitas vezes não porque gostavam do membro dispensado, mas porque precisavam de um motivo para justificar suas críticas. Por isso, "apoiarão" aquela pessoa contra a decisão do líder.

Esse é um tipo de situação que também deve ser esperado. Lembre-se, porém, de que com "o andar da carroça as abóboras se ajustam" e com o passar do tempo os críticos perderão força e se recolherão, à espera de uma próxima oportunidade para destilar o veneno da crítica. Por outro lado, o ministério prosseguirá e Deus abençoará os dois lados, tanto o obreiro que ficou e teve de encarar a difícil situação da despedida, como o que teve de passar pela desagradável situação da dispensa. Deus cuidará dessa pessoa e honrará sua postura, colocando-a em outro ministério; não é porque o obreiro não deu certo em uma equipe que não dará certo em nenhuma outra. Nestes momentos, nossa atitude determinará nossa altitude futura.

Você precisa se lembrar sempre de que liderar também é tomar decisões difíceis! O rei Saul se esqueceu disso. Leia 1Samuel 15 e entenda esse valor.

Estude os princípios de Jesus com sua equipe ministerial

Jesus é o nosso paradigma de sucesso para o trabalho em equipe. Estudar os evangelhos e tirar lições preciosas da vida de Jesus e de seus relacionamentos é algo indispensável para todos os que trabalham em equipe. Tenho visto cristãos citando em entrevistas públicas Martin Luther King Jr., M. Gandhi, Nelson Mandela e outros líderes como modelo de liderança e acredito que eles realmente o foram; mas, quando me questionam quem é o maior modelo, jamais me esqueço de Jesus de Nazaré.

O maior paradigma da visão ministerial vem de Jesus. Ele escolheu e treinou sua equipe, que realmente permaneceu unida; mesmo após sua morte seus discípulos estavam juntos. Lemos em João 21.2: *"Estavam juntos Simão Pedro; Tomé, chamado Dídimo; Natanael, de Caná da Galileia; os filhos de Zebedeu; e dois outros discípulos".*

Vejamos a seguir algumas lições preciosas na vida de Jesus e de seus discípulos sobre o trabalho em equipe.

1. Cuidado com a impulsividade

Por ocasião do encontro com Jesus, vemos que Pedro, agora líder do grupo, toma uma decisão rápida e impulsiva: *"'Vou pescar', disse-lhes Simão Pedro. E eles disseram: 'Nós vamos com você'. Eles foram e entraram no barco, mas naquela noite não pegaram nada"* (João 21.2).

Pedro teve uma ideia e a equipe o seguiu, porém foi uma decisão impulsiva e sem nenhum planejamento. Assim, o resultado não poderia ter sido outro! Sempre que saímos afoitamente, sem planejamento, oração e dependência, o resultado é o fracasso.

Todo líder precisa ter fé, visão e coragem, mas isso não significa que deve agir de forma abrupta!

2. Saiba superar os fracassos

Outra lição muito nobre que aprendemos com a equipe de Jesus é que precisamos saber que enfrentaremos fracassos. O texto continua: *"'Vou pescar', disse-lhes Simão Pedro. E eles disseram: 'Nós vamos com você'. Eles foram e entraram no barco, mas naquela noite não pegaram nada"* (João 21.3).

Os discípulos tiveram de lidar com a decepção de uma noite inteira de trabalho duro e nenhum resultado. Esteja consciente de que nem sempre as redes puxadas serão cheias, e, quando isso acontecer, é preciso superar os fracassos juntos. Lembre-se de que erros não são fracassos, e sim instruções. Como líder, você precisa encarar seus fracassos dessa forma e treinar pessoas para lidarem com os erros.

Mesmo a melhor equipe não vence sempre! Mas uma grande equipe está sempre pronta para começar novos desafios. Uma equipe assim precisa de pessoas otimistas, e não de quem insiste em olhar para as falhas do passado, reclamando e chorando. Não perca nas trevas aquilo que você recebeu na luz.

3. *Admita que você precisa de mais intimidade com o Mestre*

O relato de João mostra que os discípulos não foram capazes de reconhecer Jesus quando este lhes apareceu: "Ao amanhecer, Jesus estava na praia, *mas os discípulos não o reconheceram*" (João 21.4).

É interessante notar que quem anda com Jesus sempre tem boas surpresas e vive aprendendo. Aquela equipe andou com Jesus, comeu, sorriu e sofreu com ele durante três anos, mas vemos aqui que a mesma equipe continuava aprendendo com Jesus.

Uma boa equipe vive em constante aprendizado. Erramos quando julgamos que sabemos tudo acerca de Jesus. Na verdade, este é um grande desafio: a luta contra a vaidade é uma constante tentação para um ministério eficaz! Lembre-se de que a baleia é apanhada pelo arpão quando sobe à superfície! Por isso, viva em humildade e admita que você e a sua equipe sempre precisarão de mais intimidade com Jesus.

4. *A prosperidade vem pela obediência*

Todos gostamos de "puxar redes cheias", porém elas são precedidas de planejamento. Jesus guiou e ensinou os discípulos, e eles obedeceram à orientação: "Ele disse: 'Lancem a rede do lado direito do barco e vocês encontrarão'. Eles a lançaram, e não conseguiam recolher a rede, tal era a quantidade de peixes" (João 21.6).

O resultado da ação planejada foi o sucesso: "Simão Pedro entrou no barco e arrastou a rede para a praia. Ela estava cheia: tinha cento e cinquenta e três grandes peixes. Embora houvesse tantos peixes, a rede não se rompeu" (v. 11). Precisamos estar conscientes de que nem toda ação bem planejada será bem-sucedida. No entanto, o contrário definitivamente não acontece!

5. Lembre-se de que é impossível amar sem servir

Amar é servir. Jesus ensina esse princípio à sua equipe, como lemos em João:

> Depois de comerem, perguntou Jesus a Simão Pedro: "Simão, filho de João, você me ama mais do que estes?"
>
> Disse ele: "Sim, Senhor, tu sabes que te amo".
>
> Disse Jesus: "Cuide dos meus cordeiros".
>
> Novamente Jesus disse: "Simão, filho de João, você me ama?"
>
> Ele respondeu: "Sim, Senhor, tu sabes que te amo".
>
> Disse Jesus: "Pastoreie as minhas ovelhas".
>
> Pela terceira vez, ele lhe disse: "Simão, filho de João, você me ama?"
>
> Pedro ficou magoado por Jesus lhe ter perguntado pela terceira vez "Você me ama?" e lhe disse: "Senhor, tu sabes todas as coisas e sabes que te amo".
>
> Disse-lhe Jesus: "Cuide das minhas ovelhas" (João 21.15-17).

É uma grande falácia acreditar que podemos realizar um ministério bem-sucedido se não servirmos ao rebanho de Deus. Essa precisa ser a realidade de sua equipe. Se o cristianismo fosse apenas uma filosofia, exigiria apenas estudo e teoria. No entanto, o cristianismo é uma proposta de vida, e por isso exige vida. O coração do maior líder é o coração de um servo: esse é o modelo de Jesus.

6. Prepare-se para superar os ciúmes e as preferências

Ao ensinar sua equipe, Jesus sempre deixou claro que eles não poderiam manipular situações por causa de ciúmes e preferências. Podemos constatar a atitude de Jesus como líder em situações como esta.

> Pedro voltou-se e viu que o discípulo a quem Jesus amava os seguia. (Este era o que estivera ao lado de Jesus durante a ceia e perguntara: "Senhor, quem te irá trair?") Quando Pedro o viu, perguntou: "Senhor, e quanto a ele?"

Respondeu Jesus: "Se eu quiser que ele permaneça vivo até que eu volte, o que lhe importa? Quanto a você, siga-me!". Foi por isso que se espalhou entre os irmãos o rumor de que aquele discípulo não iria morrer. Mas Jesus não disse que ele não iria morrer; apenas disse: "Se eu quiser que ele permaneça vivo até que eu volte, o que lhe importa?" (João 21.20-23).

Jesus esclareceu que os discípulos não poderiam torcer suas palavras e fazer fofocas. Como líder, ele colocou, em última instância, um limite. Todo líder precisa agir assim com sua equipe e deixar claro os limites. Lembre-se de que a pessoa que não sabe ser liderada, não sabe liderar.

É fato sabido por todos que a queda de grandes equipes ministeriais começou com pequenas rixas, ciúmes e maledicências. Observe que Jesus cortou de imediato essa atitude dentro da sua equipe. Por isso, é o que também devemos fazer!

A minha oração é para que a sua equipe ministerial seja uma pedra nos planos de Satanás, e nunca um obstáculo à unidade e a comunhão da igreja local!

Nunca pare de aprender enquanto lidera, mas aprenda com Deus, aprenda consigo mesmo, aprenda com os outros, aprenda com as vitórias e aprenda com as derrotas. Aprenda com as crianças e com os idosos; aprenda no Brasil e no exterior. Leia sempre, navegue em bons *sites* da internet, continue participando de conferências relevantes e exponha a sua liderança a igrejas que tenham o que dizer à sociedade. Lidere com um coração aprendiz e esteja disposto a montar e desmontar o que for preciso. Sua liderança precisa estar sempre associada ao novo de Deus em sua vida e em sua comunidade. Por fim, siga o conselho de John Stott: "Ouça o Espírito. Ouça o mundo", ou seja, mantenha a Bíblia em uma de suas mãos e o jornal da manhã na outra.

Capítulo 10

A pregação com propósitos

Pregue para transformar vidas! Pregue para mudar a vida das pessoas e nunca para repassar conhecimento. O que muda a vida de alguém não é o conhecimento teórico e, sim, a prática da Palavra de Deus. É isso o que queremos dizer quando falamos em uma pregação *com propósitos*.

Os princípios que aprendi com o pastor Rick Warren a respeito deste tema foram, em grande parte, desenvolvidos a partir das "palavras do mestre, filho de Davi, rei em Jerusalém" encontrados em Eclesiastes 1.1. Há fortes indícios de que o autor dessas palavras tenha sido Salomão, embora o livro não traga uma confirmação direta a respeito. Assim, se esses princípios foram aplicados originalmente por Salomão, o homem mais sábio da terra, certamente temos muito a aprender com eles.

Pessoalmente, tenho desenvolvido nos últimos anos um estilo pessoal de pregação com base em uma linha de preparação de mensagens bíblicas apresentada a seguir. Por experiência própria, posso dizer com certeza que é muito mais do que um método; é uma análise bíblica de como pregar de forma relevante para alcançar vidas.

Os princípios a seguir são desafiadores, mas também bastante eficazes. Podemos chamá-los de Método Bíblico de Pregadores Sábios, pois se baseiam em Eclesiastes 12.9-11. Vamos explorar esse texto em duas traduções diferentes (*Nova Tradução na Linguagem de Hoje* e *Nova Versão Internacional*), além da *Bíblia Viva*, de forma a deixar ainda mais claras as lições que extrairemos dele.

Esse trecho das Escrituras nos traz verdades acerca de como desenvolver uma pregação eficaz e relevante, uma pregação com o objetivo de transformar vidas, e não simplesmente passar conhecimento para as pessoas. Leia com atenção:

> Além de ser sábio, o mestre também ensinou conhecimento ao povo. Ele escutou, examinou e colecionou muitos provérbios. Procurou também encontrar as palavras certas, e o que escreveu era reto e verdadeiro.
>
> As palavras dos sábios são como aguilhões, a coleção dos seus ditos pregos bem fixados, provenientes do único Pastor (Eclesiastes 12.9-11, *Nova Versão Internacional*).

> O Sábio, usando o seu conhecimento, continuou a ensinar ao povo o que sabia. Ele estudou, examinou e pôs em ordem muitos provérbios. Procurou usar palavras agradáveis, e tudo o que escreveu é verdade. As palavras dos sábios são como pregos bem pregados; são como as varas pontudas que os pastores usam para guiar as ovelhas. Essas palavras foram dadas por Deus, o único Pastor de todos nós (Eclesiastes 12.9-11, *Nova Tradução na Linguagem de Hoje*).

> Mas, porque era sábio, o Professor continuou ensinando aquilo que sabia a outras pessoas; ele reuniu muitos provérbios e ditados. Além de ser sábio, o Professor sabia ensinar; além de ensinar o que sabia, ele fazia isso de um modo agradável e interessante. As palavras do homem sábio nos forçam a tomar uma atitude. Elas explicam claramente verdades muito importantes. Os alunos que aprendem bem o que os professores ensinaram serão sábios (Eclesiastes 12.9-11, *Bíblia Viva*).

De imediato, podemos observar pelo menos duas características fundamentais de uma pregação que cumpre o propósito de transformar vidas.

O primeiro elemento é o *cajado*. As varas usadas pelos pastores para guiar as ovelhas são ferramentas que geram uma reação dos animais. Isso quer dizer que a pregação deve, da mesma forma, incentivar pessoas a tomarem uma atitude, a fazerem algo acerca de sua situação. Uma pregação deve levar as pessoas a sair da passividade, apontando uma direção e motivando-as a uma nova atitude.

O segundo elemento que observamos no texto de Eclesiastes são "*os pregos bem pregados*". Pregos que estão bem pregados são difíceis de ser retirados. Por isso, a pregação deve ser algo do qual as pessoas se lembrem, pois ela está fixada bem firme e até o fundo em sua mente e em seu coração! Uma mensagem com propósitos motiva as pessoas a memorizarem seus principais pontos e deixa claro para elas como praticar aquilo que ouviram.

Se você não apresentar uma mensagem que aponte um caminho e uma solução para as pessoas, elas podem até considerá-la positiva e bonita, mas sua reação não passará de simplesmente ouvir. Jesus atraía pessoas justamente porque sua mensagem apontava para uma solução de vida e abrigava princípios a serem adotados como estilo de vida.

Nessa perspectiva e levando em conta esses dois fundamentos da pregação com propósitos, veremos a seguir alguns princípios usados por Salomão em seus provérbios, e como eles podem ser aplicados na preparação de mensagens bíblicas que alcancem o coração do homem contemporâneo.

Colete e categorize boas informações

Coletar boas informações era justamente o que Salomão fazia. Em Eclesiastes 12.9, vimos que o rei, "porque era sábio [...] reuniu muitos provérbios e ditados" (*Bíblia Viva*) e "pôs em ordem muitos provérbios" (*Nova Tradução na Linguagem de Hoje*).

Antes mesmo de preparar uma mensagem específica, tenha o hábito de reunir todo o tipo de informação que achar interessante em suas leituras pessoais — comentários bíblicos, notícias, resenhas, ilustrações, filmes etc.

Tenha a mente aberta e a atitude proativa de manter-se bem informado, até mesmo no que diz respeito à comunidade local. No momento, todas essas informações podem parecer irrelevantes, mas no futuro serão um tesouro que enriquecerá a sua comunicação.

Realize pesquisas e reflita sobre o material

Eclesiastes 12.9 ainda narra que Salomão "estudou, examinou" (*Nova Tradução na Linguagem de Hoje*). O hábito do estudo e da pesquisa é imprescindível na composição da sua mensagem. Esse é um princípio bíblico, como Salmos 119.15 aponta: "Estudo as tuas leis e examino os teus ensinamentos" (*Nova Tradução na Linguagem de Hoje*).

Pesquisar é tarefa que cabe à sua mente. Mas é preciso um segundo passo, o da reflexão e meditação, tarefas apropriadas para o seu coração. Trabalhe sempre com as duas ações. Uma mensagem não pode ter só coração ou só mente, mas precisa de harmonia entre ambas. O equilíbrio entre a pesquisa intelectual e a reflexão do coração é fundamental para a eficácia da sua mensagem.

A unção necessária para expor a mensagem já está em você, pois você a recebeu de Deus como um chamado profético para pregar a Palavra. Essa é uma qualidade que não é possível aprender, pois é algo espiritual, um dom de Deus concedido aos que ele escolheu para esse ministério.

Realize com excelência a sua pesquisa, que poderíamos chamar de parte técnica da mensagem. Por ser essencial, é preciso que a pessoa que entrega a mensagem busque esse conhecimento até mesmo em uma esfera acadêmica, pela leitura de livros ou em participação em um seminário bíblico-teológico, de forma que a exegese, nos termos acadêmicos, seja feita com precisão e embasamento.

De maneira muito geral, a exegese busca essencialmente responder às perguntas: "O que o texto diz?" e "O que ele significa?". Um estudo sério e capaz de responder a essas perguntas começa pela compreensão de quatro esferas: o contexto histórico, o estilo literário, a estrutura gramatical e o quadro teológico do texto.

Assim, é necessário conhecer o *contexto* no qual aquele trecho das Escrituras foi escrito, levantando-se fatores como situação política, social e cultural da época. Como segundo passo, pode-se avaliar qual o *estilo do texto*, identificando se é um relato, uma crônica, uma poesia, uma parábola ou uma história biográfica dentro daquele contexto. Com essas informações levantadas, o estudioso passa a observar a *estrutura do texto*, ou seja, qual a regência verbal, concordância e formação gramatical, pois desses detalhes podemos extrair preciosas informações. Por fim, é preciso levantar o *quadro teológico*, identificando se está em jogo uma revelação, uma teofania, uma doutrina, uma pregação apostólica, uma profecia ou uma ilustração, entre outros. Todas estas informações são essenciais na hora de se expor e aplicar sua mensagem à vida das pessoas.

Com esse arcabouço de informações em mãos, passa-se à parte devocional da preparação de uma mensagem. Essa parte inspirativa é o momento de diálogo com Deus, o tempo em que você se submete a ele como servo. Você é apenas um mensageiro incumbido para, com muito amor e paixão, ouvir o recado que Deus quer transmitir a seu povo. É um tempo de quietude e solitude, de contemplação e adoração. Essa é uma das características que realmente distingue a pregação de qualquer outra forma de comunicação, pois envolve este momento intrinsecamente sobrenatural e divino.

Davi descreve um desses momentos no Salmos 119.99: "Tenho mais discernimento que todos os meus mestres, pois medito nos teus testemunhos". Lembre-se de que você não pode apressar essa reflexão. Acredite, seus pensamentos mais criativos surgirão após um longo período de descanso. Deixe seus pensamentos "cozinhar lentamente"! Esta é uma expressão usada pelo pastor Rick Warren, que tenho experimentado de uma forma muito intensa. A pressão da rotina faz que a mente fique impedida de criar, por isso você precisa de descanso e refrigério para produzir mais e melhor.

Aplique e organize os seus pensamentos

O texto de Eclesiastes continua: "As palavras do homem sábio nos forçam a tomar uma atitude. Elas explicam claramente verdades muito importantes" (Eclesiastes 12.11, *Bíblia Viva*).

Ao pregarmos as verdades da Palavra, as pessoas precisam entender como aplicá-las à sua vida prática. Uma boa aplicação responde a duas perguntas que pessoas fazem a si mesmas após ouvirem uma mensagem: "E daí?" e "E agora?".

Quando pessoas acabam de ouvir uma mensagem e não encontram imediatamente uma boa resposta para essas duas perguntas, podemos dizer que a mensagem não foi eficaz. Se elas não sabem o que fazer após ouvir suas mensagens, é uma prova de que você precisa urgentemente rever a sua preparação.

Gostaria de apresentar nove perguntas que podem auxiliá-lo a aplicar um texto bíblico de forma eficaz:

1. Quem são as *pessoas* nesta passagem e como elas se parecem conosco hoje?
2. Qual é o *ambiente* descrito e quais são as similaridades com o nosso mundo?
3. Qual é a *trama* que está acontecendo no texto? Há algum conflito ou tensão? Como eu agiria e me sentiria em uma situação como essa?
4. Qual foi o *foco* da mensagem desejado para aquela audiência? Qual é o propósito desta passagem?
5. Quais são os *princípios*, as verdades atemporais apresentados no texto?
6. Como estes princípios são relevantes no *presente*, no mundo atual?
7. Quais são os *paralelos* do texto com a minha vida? De que modo essa verdade se aplica a meu cotidiano — em casa, no trabalho, na escola, na igreja, na vizinhança etc.?
8. Em uma perspectiva *pessoal*, o que precisa ser mudado em mim? Será uma crença, um valor, uma atitude, ou ação?
9. Qual é o meu *plano* a partir desta verdade? Qual será o meu primeiro passo para a ação?

Quando você dialoga com o texto bíblico e encontra respostas para perguntas como essas, é capaz de levar a mensagem para perto das pessoas da atualidade. Experimente fazer isso na sua próxima mensagem.

A Palavra de Deus fala. Ela é viva, não morta. Existem pessoas que estão pregando a Palavra de uma forma tão mórbida que um não cristão pode pensar duas vezes se aquele pregador realmente acredita que tal palavra é viva e verdadeira. Acredite, muitos não cristãos veem os pregadores como vendedores de sonhos, como profissionais da fé, homens de religião, e isso se deve, em grande parte, ao nosso estilo de pregar. Precisamos reverter este quadro, com uma mensagem que supra diretamente as necessidades das pessoas. Você não precisa fazer da Palavra de Deus algo relevante, ela já é por natureza divina. Você precisa ser relevante e interessante para que as pessoas parem para ouvi-lo!

Se você é pastor ou pregador, aconselho o curso Pregando para Transformar Vidas, com materiais disponíveis em português pelo Purpose Driven Brasil.[1] Adquira também o livro *Como preparar mensagens para transformar vidas* (Editora Vida, de Carlito Paes). Esses materiais ajudarão você a se aprofundar no assunto da pregação contemporânea para mudar a vida das pessoas. Não despreze o poder do púlpito para mudar visões e mentes e, assim, realizar com eficácia a transição na sua igreja.

O poder das séries

Desde que passei a pregar em séries, a nossa igreja cresceu em número de membros e maturidade espiritual. Pregamos hoje cerca de 20 séries por ano para toda a igreja e para as faixas etárias.

Ao pregar em séries, podemos abordar assuntos do momento com maior profundidade e contextualização. Promovemos as mensagens para a comunidade, além de apresentar materiais adicionais. Além disso, podemos aprofundar a discussão através da rede de pequenos grupos da igreja.

---

[1] Para acessar este e outros recursos, acesse www.propositos.com.br

PARTE 4

A dinâmica da igreja brasileira com propósitos

Capítulo 11

Pequenos grupos:
o coração da igreja

Por que precisamos de pequenos grupos? Podemos apontar diversas razões pelas quais os pequenos grupos são importantes para a igreja. Em primeiro lugar, são uma estratégia bíblica. Jesus iniciou seu ministério com a reunião de um pequeno grupo de 12 discípulos (Mateus 13.13,14). A igreja primitiva também se reunia em grupos pequenos, como lemos em Atos 2.42-47. Nos lares, os recém-convertidos eram acolhidos e alimentados espiritualmente. No Novo Testamento, encontramos uma variedade de textos atestando que a igreja se reunia em pequenos grupos nas casas.

Os pequenos grupos despertam, mobilizam e sustentam o crescimento saudável da igreja, pois garantem o pastoreio intencional e personalizado. Seu ambiente informal promove a proximidade entre as pessoas e o torna um ótimo local para a integração e o processo de formação espiritual.

Além disso, os pequenos grupos têm a vantagem de não estarem limitados ao ambiente físico do templo, o que lhes incute enorme flexibilidade e capilaridade. Todos estes fatores apenas confirmam que uma igreja saudável e que vive os propósitos de Deus deve valorizar os pequenos grupos.

De forma geral, os pequenos grupos proveem o que as pessoas de hoje precisam e desejam: um ambiente de aceitação e cura para as crises mais comuns da nossa época.

Vivemos num tempo em que predominam o relativismo e o individualismo, uma sociedade competitiva e muitas vezes opressora, em meio a uma explosão de informações de todos os tipos. A realidade urbana traz o medo, a tensão e a violência como perigos recorrentes, e as pessoas experimentam na pele o desequilíbrio social, educacional e financeiro. Como resultado, vivemos numa sociedade em que as pessoas se encontram desconfiadas, com medo, estressadas e frustradas.

As crises desta geração geram consequências diretas para a igreja. A crise de confiança gera uma crise de autoridade. A crise relacional gera uma crise na comunhão. A crise da verdade gera uma crise doutrinária.

Uma ICP entende que os pequenos grupos são o ambiente no qual essas crises podem ser tratadas, e no qual vidas podem ser transformadas.

O que são pequenos grupos?

Os pequenos grupos (PG)[1] são a ação estratégica que Deus planejou para que a eficiência no cuidado mútuo, na integração e na comunhão fosse algo real para cada membro. Mostram-se uma das ferramentas mais eficazes de terapia pessoal, conjugal e familiar no âmbito da igreja local.

De forma bem objetiva, segundo Neil F. McBride, o PG pode ser definido como "um encontro regular, voluntário e intencional de três a quinze pessoas, com o objetivo compartilhado da edificação mútua em Cristo e comunhão". Vejamos essa definição com mais detalhes.

O PG é um encontro regular. Assim como a igreja possui encontros regulares, os PG devem ter seus encontros regulares em dias preestabelecidos, embora possam ocorrer exceções.

O PG é um encontro voluntário. As pessoas devem ser incentivadas, e não forçadas, a participar de um PG. Isso envolve uma mudança de cultura, mas os benefícios são incontáveis.

O PG é um encontro intencional. Isso requer que todos os encontros sejam planejados e direcionados, com uma intenção e objetivo bem claros.

---

[1] A sigla PG designa um ou vários Pequenos Grupos (singular e plural).

O PG é um encontro que permite o relacionamento. Por isso, o número de participantes regulares deve variar entre 3 e 15 pessoas. Pastor algum, por mais capacitado que seja, consegue providenciar atenção e cuidado a um grande grupo de pessoas. Mas um grupo menor possibilita um relacionamento interpessoal mais íntimo.

O PG é um lugar no qual são compartilhados os objetivos e alvos comuns, como o pastoreio, a expansão da igreja, o serviço e os relacionamentos. Os propósitos são bem conhecidos por todos e as dinâmicas são variadas. É um lugar onde todos participam, e, com isso, a missão da ICP é cumprida.

Concepções erradas sobre os pequenos grupos

Muitas pessoas podem confundir o que é de fato um PG. É importante saber também o que ele *não* é.

Um PG não é um grupo de oração; ou seja, um grupo que tem como foco principal e quase exclusivo crescer no movimento de oração. Grupos de oração não costumam convidar pessoas novas e praticar o evangelismo, por exemplo. Por isso, o PG ultrapassa essa definição.

O PG tampouco é um grupo de estudo bíblico. Grupos com essa característica estão focados apenas no estudo da Palavra, muitas vezes desestimulando a comunhão, por exemplo. Geralmente, são liderados por pessoas que privilegiam o discipulado, não se importando com os demais propósitos.

Um PG não é um grupo de apoio. Os que desejam participar de grupos de apoio estão interessados em terapias para a cura de seus traumas emocionais. Num grupo de apoio, as pessoas têm um problema real e específico e querem tratá-lo. Grupos de apoio possuem uma dinâmica muito específica, como os do Celebrando a Recuperação. Levam o amor, mas não têm como foco levar as pessoas a Cristo.

Finalmente, um PG não é uma "mini-igreja". Grupos com essa característica tendem a funcionar de forma autônoma e sem a influência da igreja local.

Os objetivos básicos dos pequenos grupos

O PG deve ser uma ampliação do cuidado pastoral da igreja. O líder de um PG é um "pastor leigo" que lidera uma pequena parcela da membresia da igreja. Sua autoridade como líder vem do compartilhamento direto da autoridade dos pastores da igreja (João 21.15).

Em segundo lugar, o PG tem como objetivo expandir a igreja para além das portas e paredes do templo, num sentido físico, mas também cultural (Atos 2.46). Por isso, o PG é uma extensão da própria igreja.

O PG deve proporcionar o convívio relacional, social e espiritual entre os membros da família de Deus, bem como a integração de novos convertidos (Salmos 133.1). A ênfase do PG não está na quantidade das pessoas envolvidas, mas na qualidade dos relacionamentos desenvolvidos, principalmente na reciprocidade e no comprometimento pessoal.

Os valores essenciais do PG incluem:

- **Prestação de contas:** os participantes devem estar prontos a voluntariamente prestar contas de sua vida uns aos outros, encontrando apoio e encorajamento sempre que necessário.

- **Evangelismo:** cada membro tem o compromisso de expandir a comunidade de crentes em Jesus. Para isso, poderá compartilhar sua fé e experiências e participar da obra missionária visando à expansão do Reino de Deus.

- **Qualidade de apoio:** o PG deve criar um ambiente no qual os membros do grupo se apoiem e cresçam, edificando-se mutuamente em Cristo.

- **União:** cada participante deve ser sensível a necessidades, sentimentos, vida e situações uns dos outros, dentro de um espírito de união e participação recíproca.

- **Envolvimento:** os membros do PG devem dispor seus recursos pessoais, como tempo, atenção, ideias e recursos materiais, para servir uns aos outros.

- **Núcleo de amor:** o grupo deve desenvolver o amor verdadeiro entre os membros.

- **Objetivos comuns:** os membros do grupo trabalham para atingir objetivos comuns, que sejam bons para todos e para a igreja.

- **Socorro:** o PG é um lugar de socorro e apoio ao necessitado, onde ele possa encontrar refrigério para sua alma.

- **Garantia de honestidade:** para construir um ambiente de confiança entre os membros do PG, é preciso que sempre se fale a verdade, mas em amor.

- **Reprodução:** o PG deve crescer e reproduzir-se, levando adiante o alvo de ter mais e mais pessoas conectadas ao corpo de Cristo. Tem por objetivo manter o processo de multiplicação saudável e constante.

- **Um lugar de transparência:** a transparência nos relacionamentos promove a honestidade tão necessária para uma boa comunicação.

- **Persistência:** os componentes do PG devem permanecer e perseverar diante dos desafios e das diferenças, buscando a pessoa que porventura esteja afastada.

- **Oração:** a oração sempre nos lembra de quanto precisamos de Deus e de quanto Deus nos ama e se importa conosco.

- **Sigilo:** O que é dito no grupo fica no grupo e morre com o grupo. As confidências são respeitadas e jamais divulgadas fora do ambiente do PG.

Vivendo os cinco propósitos nos pequenos grupos

É no PG que anunciamos a salvação aos sem-igreja, começando pelas pessoas da nossa própria casa, os nossos amigos e vizinhos (Atos 1.8). Pessoas que talvez jamais entrariam em uma igreja em algum momento de sua vida podem vir a conhecer a Jesus por meio de um PG.

No PG realizamos uma forma livre de louvor e adoração a Deus, sem preocupação com formas rituais (João 4.24).

Também no PG desenvolvemos relacionamentos pessoais de confiança, camaradagem e amor ao próximo (Atos 2.42-47).

No PG edificamos a nós mesmos e aos demais, conduzindo todos a serem verdadeiros imitadores de Cristo (1Coríntios 11.1).

No PG temos o privilégio de descobrir em que área Deus nos tem capacitado para servir à igreja (Romanos 12.3-5).

A estratégia das estações

A estratégia das estações de Deus visa o crescimento natural e equilibrado dos PG, de forma que cada um deles cresça e se multiplique de maneira orgânica e saudável, formando discípulos que cumpram em sua vida e seu ministério os cinco propósitos de Deus.

Lemos em Ezequiel 34.26,27: "Na estação própria farei descer chuva; haverá chuvas de bênçãos. As árvores do campo produzirão o seu fruto, a terra produzirá a sua safra e as ovelhas estarão seguras na terra".

Saúde é resultado de equilíbrio. Ninguém é saudável se não vive de forma equilibrada. O equilíbrio é necessário em nossa vida. Algumas pessoas tentam equilibrar sua vida da forma errada. No meio evangélico, mesmo que de forma sincera, a busca por equilíbrio pode acontecer com base em modelos equivocados.

No mundo, o equilíbrio em nossa vida muitas vezes se relaciona à figura de uma pirâmide. Priorizamos algumas coisas mais que outras, colocando a família em primeiro lugar, depois o trabalho, depois o lazer, por exemplo. Muitas pessoas, mesmo cristãs, têm buscado esse modelo. O que há de errado nele? Ele simplesmente não é bíblico!

O modelo bíblico, que mostra a forma correta de viver equilibradamente, pode ser resumido neste verso: "porque para mim o viver é Cristo" (Filipenses 1.21). A nossa vida é Cristo, e por isso, em tudo o que fizermos, devemos nos dedicar 100%, tendo Jesus Cristo como centro da nossa vida.

Enquanto o modelo do mundo secciona as partes da vida, Jesus disse para amarmos ao Senhor com tudo o que somos: "Ame o Senhor, o seu

Deus de todo o seu coração, de toda a sua alma e de todo o seu entendimento" (Mateus 22.37).

Precisamos nos libertar de dogmas, tradições humanas — hedonistas e religiosas — que nos afastam do projeto de Deus.

O equilíbrio também acontece no contexto da família e da igreja, no grande grupo e nos PG, ou seja, no templo e nas casas. Lemos em Atos 5.42: "Todos os dias, no *templo* e de *casa em casa,* não deixavam de ensinar e proclamar que Jesus é o Cristo". E também: "Vocês sabem que não deixei de pregar-lhes nada que fosse proveitoso, mas ensinei-lhes tudo *publicamente* e de *casa em casa*" (Atos 20.20).

Qual reunião é a mais importante, a do grande grupo (a celebração com toda a igreja e ministérios) ou a do PG? A resposta é: as duas! Elas se equilibram, como duas asas que juntas podem gerar o equilíbrio e lançar voo!

O grande grupo: celebração e ministérios

A reunião do grande grupo por meio de celebração e ministérios tem como principal característica *mostrar a grandeza de Deus*. Estas reuniões são responsáveis por:

- promover grandes celebrações comunitárias com louvor e adoração;
- aproximar e apresentar as pessoas;
- impactar a comunidade;
- reunir as diferentes tribos e faixas etárias;
- realizar movimento social;
- gerar capacitação;
- realizar eventos-ponte;
- permitir a pregação pública à cidade;
- enviar missionários;
- deixar marcos espirituais na cidade;
- trazer voz profética para a sociedade;

- celebrar a ceia do Senhor;
- receber os dízimos e ofertas no altar;
- celebrar os batismos na família;
- cuidar da parte administrativa e financeira do movimento.

O pequeno grupo

A reunião em PG em rede acontece para o pastoreio mútuo e crescimento por meio das estações de Deus. Sua principal característica é *mostrar a intimidade do povo de Deus*. Sua realização permite à igreja:

- realizar o cuidado pastoral;
- responder às dúvidas da fé com maior agilidade;
- fortalecer e aprofundar relacionamentos;
- gerar intimidade;
- fortalecer os laços de família;
- fomentar a mútua intercessão;
- fortalecer o discipulado;
- estimular a mentoria;
- proporcionar um ambiente que estimula a confissão e a transparência;
- proporcionar um ambiente para aplicação da disciplina;
- promover um ambiente seguro para o tratamento do pecado;
- estimular o surgimento e crescimento de líderes;
- permitir um lugar onde o coração é revelado;
- detectar e suprir as necessidades sociais, emocionais e financeiras dos membros mais facilmente;
- fazer que a comunhão efetiva aconteça;
- enfatizar e agilizar o movimento da fé sem barreiras;
- movimentar-se com mais agilidade para realizar atos de bondade na comunidade;

- preparar-se para a rede final nos dias da perseguição à igreja antes do retorno de Cristo.

Como se dá o crescimento dos pequenos grupos?

Lembre-se de que, a exemplo das estações do ano, crescer leva tempo! Vemos um exemplo na vida do apóstolo Paulo: "Assim, Paulo ficou ali durante um ano e meio, ensinando-lhes a palavra de Deus" (Atos 18.11).

Desta forma, podemos relacionar metaforicamente as estações do ano às estações da igreja no que diz respeito aos PG.

Durante o ano, ocorrem quatro estações: primavera, verão, outono e inverno. Numa demonstração de que a vida na terra depende desses ciclos, as estações geram equilíbrio e saúde para todos os seres vivos do planeta.

Na igreja também podemos estabelecer quatro estações, demonstrando um ciclo de saúde e vida orgânica. Somos, como igreja, um corpo, um organismo vivo para o qual Deus tem um propósito em cada estação — cultivo, cuidado, crescimento e colheita —, que também se aplicam à vida dos PG no ciclo de um ano.

Estação do cultivo

As Escrituras falam sobre a ação do cultivo: "O preguiçoso não ara a terra na estação própria; mas na época da colheita procura, e não acha nada" (Provérbios 20.4).

O cultivo é a estação do evangelismo e de *missões*. O PG se dedica a esse propósito durante a estação do cultivo, focando seus esforços basicamente em duas frentes:

- Primeiro, *arar a terra*, ou seja, preparar o solo do coração das pessoas para que receba a semente, isto é, a Palavra. Exige tempo para tirar todas as impurezas e obstáculos do solo. No entanto, é uma tarefa fundamental: o melhor solo — ou o melhor coração — é a base de tudo.

- Em segundo lugar, *semeando a semente*. É hora de semear a boa semente que cada pessoa do PG tem em mãos, com amor e dedicação. É preciso semear a semente, colocando o adubo certo e regando com a quantidade certa de água. Lançar a semente tem a ver com onde se decide semear. Veja a importância de se plantar no lugar certo: "É como árvore plantada à beira de águas correntes: Dá fruto no tempo certo e suas folhas não murcham. Tudo o que ele faz prospera!" (Salmos 1.3).

A estação do cultivo, portanto, leva as pessoas do PG a exercerem de forma focada e intencional o propósito do evangelismo. É um trabalho árduo, que exige muito esforço e, muitas vezes, resulta em poucos frutos aparentes num primeiro momento. Por isso é importante enfatizar que não podemos frustrar-nos se nem todas as sementes germinarem. Cada um deve tão somente fazer sua parte!

Estação do cuidado

Agora que a semente foi lançada, é preciso cuidar dos brotos que Deus fez nascer. Como lemos em Oseias 14.6, "seus brotos crescerão. Seu esplendor será como o da oliveira, sua fragrância como a do cedro do Líbano".

A estação do cuidado está relacionada ao propósito do *ministério*. É tempo de o PG:

- Proteger a germinação, cuidando intensamente das novas vidas alcançadas.
- *Cuidar do desenvolvimento e crescimento dos pequenos brotos.* Um broto que acaba de germinar é ainda um organismo muito frágil e necessita de cuidado intenso contra o excesso de sol, chuva, pragas e animais. Cada pessoa em um PG é um agente que apresenta os caminhos e as ferramentas para cuidar dos novos na fé de forma integrada, personalizada e intencional.

A estação do cuidado é um tempo para ensinarmos a amar a Deus acima de tudo e acima de todos. O foco da vida cristã é Jesus! Nele não existe frustração nem decepção. Portanto, os PG serão levados a ensinar a temer, amar e adorar a Deus, que é a melhor maneira para que um crente cresça forte.

Estação do crescimento

A estação do crescimento leva os PG a acompanhar o desenvolvimento das novas vidas. Como lemos em 2Coríntios 9.10: "Também lhes suprirá e multiplicará a semente e fará crescer os frutos da sua justiça".

Quem dá o crescimento é Deus. O nosso papel é o de tão somente acompanhar esse crescimento. Desta forma, a estação do crescimento está relacionada ao propósito do *discipulado*.

Nesta etapa, os membros dos PG continuam a investir em vidas de forma que elas fiquem livres de contaminação, recebam água fresca e sejam suportadas quando for o momento da poda. João 15.2 afirma que "todo que dá fruto ele *poda*, para que dê mais fruto ainda".

Essa é a estação na qual o crescimento acontece de forma vistosa. Vemos árvores fortes e saudáveis, carregadas de frutos! Trata-se de uma linda estação. Contudo, também exige muito trabalho, pois todo processo de crescimento é dolorido. Sabemos que crescer dói!

Devemos nos lembrar de que o resultado de uma planta que tem uma vida saudável são os seus frutos, e devemos esperar por eles. Como disse Jesus: "Se alguém permanecer em mim e eu nele, esse dará muito fruto" (João 15.5).

Estação da colheita

A última estação do ano é tempo de celebrar a colheita dos novos frutos concedidos pela ação do Senhor. É preciso celebrar! As Escrituras afirmam: "Porque 'o lavrador quando ara e o debulhador quando debulha, devem fazê-lo na esperança de participar da colheita' " (1Coríntios 9.10).

Este é o tempo de colher, o tempo de celebrar. Por isso, esta estação está relacionada ao propósito da *adoração*.

Neste tempo, os membros dos PG são intencionalmente levados a colher, desfrutar, celebrar e repartir. A estação da colheita também é a etapa de multiplicar e enviar novas sementes a outros PG. Por essas características, pessoas egoístas e sem visão podem não apreciar esta estação. No entanto, para os que têm a visão do Reino, é a melhor de todas as estações.

Todos os PG são levados a viver esta realidade. *Toda colheita tem uma hora certa* para acontecer, como lemos em Tiago 5.7: "Portanto, irmãos, sejam pacientes até a vinda do Senhor. Vejam como o agricultor aguarda que a terra produza a preciosa colheita e como espera com paciência até virem as chuvas do outono e da primavera".

Nessa etapa, os membros dos PG também são lembrados de *honrar seus líderes*. O princípio da honra também é bíblico: "O lavrador que trabalha arduamente deve ser o primeiro a participar dos frutos da colheita" (2Timóteo 2.6).

Por fim, devemos sempre nos lembrar de *repartir*, de compartilhar as bênçãos concedidas por Deus, como lemos em 2Reis 7.9: "Então disseram uns aos outros: 'Não estamos agindo certo. Este é um dia de boas notícias, e não podemos ficar calados. Se esperarmos até o amanhecer, seremos castigados. Vamos imediatamente contar tudo no palácio do rei' ".

Todas as estações envolvem o propósito da comunhão

Se cada estação dos PG está relacionada a um propósito, quando se dá o foco da comunhão? Ela está presente em todas as estações, no convívio do PG, que põe em prática a Palavra de Deus: "O amigo ama em todos os momentos; é um irmão na adversidade" (Provérbios 17.17) e "Eles se dedicavam ao ensino dos apóstolos e à comunhão, ao partir do pão e às orações" (Atos 2.42).

O PG será, em todo o momento, um lugar de apoio, abrigo, amizade e pastoreio, um lugar para chorar com os que choram e alegrar-se com os que se alegram. Afinal, a dor não tem hora para acontecer. Por isso, os membros dos PG são constantemente desafiados a amar ininterruptamente.

O PG é um lugar de comunhão, de *koinonia*, durante o ano todo. Em todas as estações, devem-se exercer as mutualidades do Novo Testamento, ou seja, amar e servir sem parar!

Jesus nos deixou um princípio básico na natureza: "Toda árvore é reconhecida por seus frutos" (Lucas 6.44) e ainda: "Semelhantemente, toda árvore boa dá frutos bons, mas a árvore ruim dá frutos ruins" (Mateus 7.17).

Da mesma forma, os PG saudáveis, que vivem as estações de Deus e revelam seus propósitos, crescem de forma natural e orgânica, dando muitos frutos para a glória de Deus.

Sem os PG, o crescimento da ação pastoral de uma igreja grande está comprometido, porque uma igreja pode ser formada por uma multidão de pessoas, contudo uma multidão de pessoas não forma uma igreja.

Capítulo 12

As celebrações:
diversificadas e direcionadas

No que diz respeito às celebrações, a máxima de quanto mais e mais diversificadas melhor é verdadeira. As pessoas, especialmente nas cidades e regiões metropolitanas, possuem gostos, estilos, horários e necessidades diferentes.

Todo o culto que fazemos é prestado a Deus, obviamente, pois ele é a razão central da nossa adoração. Não prestamos culto às pessoas, sejam elas membros ou sem-igreja. Precisamos entender, contudo, que a adoração é para Deus, todavia o serviço do culto é para as pessoas.

Tendo isso em mente, devemos notar que o culto pode conter mensagens e focos diferentes, porque é prestado a Deus para edificar pessoas. Há cultos para alcançar os sem-igreja, como também para edificar a igreja, que, por sua vez, pode exigir ênfases diferentes. Esta é a questão: dado que as pessoas são diferentes, as mensagens e os meios também precisam ser diferentes para alcançá-las. Partindo deste princípio, abordaremos a estratégia dos cultos direcionados.

Pessoalmente, vivi três fases distintas na minha formação cristã-evangélica. Primeiro, na adolescência, fui membro e líder de duas igrejas no estado do Rio de Janeiro. Num segundo momento, já como seminarista, passei por outras duas igrejas realizando estágios, uma na baixada fluminense e outra na cidade do Rio de Janeiro. Por fim, entrei na terceira fase, que me encontro hoje, a do pastorado. Em vinte e cinco anos de ministério, estive em três diferentes igrejas em três estados diferentes.

Em cada uma dessas fases, pude observar em diversos pastores e ministros de música — e inclusive na minha própria visão antiga — que os cultos não possuíam um alvo, uma direção clara, embora fossem preparados com muita sinceridade na fé e muito ardor no coração. No entanto, eram assim até pelo fato de não haver uma reflexão específica e focada a respeito. Se todo culto é para Deus, as pessoas não importavam, ou seja, falar sobre culto era falar sobre Deus, e não sobre pessoas.

Pois bem, Deus mudou a minha visão. Mesmo não tendo aprendido assim com outros pastores, no seminário e tampouco nos primeiros anos da minha caminhada ministerial, venho experimentando a estratégia dos cultos direcionados já há alguns anos. Desde então, colhemos muitos frutos com as celebrações direcionadas realizadas na nossa igreja. Vale ressaltar que continuamos tendo plena consciência de que toda a adoração e todo o culto serão sempre destinados à pessoa de Deus (*Soli Deo gloria*). Todavia, também sabemos que o culto possui uma mensagem direta para a vida das pessoas. Se essa mensagem não for clara, não teremos os resultados esperados. E todos sabemos que sinais claros geram uma recepção clara, enquanto sinais confusos geram uma recepção confusa.

Ao iniciar a estratégia de celebrações com mensagens definidas e abordagens claras, levando em conta o público-alvo presente, o culto passou a fluir melhor e os resultados se tornaram muito mais significativos na vida da igreja. No passado, e ainda em algumas igrejas atuais, nunca se sabia que tipo de culto iria acontecer na igreja. Não se sabia que tipo de oração deveria ser feita, ou se podíamos levar amigos não cristãos ou não, pois não havia clareza a respeito de que tipo de mensagem seria pregada, ou qual seria a duração do programa. Todo este cenário acontecia, enfim, porque não havia um planejamento que considerasse o público-alvo.

Na nossa comunidade, este tipo de situação não ocorre mais. Certamente, algumas pessoas jamais concordaram com esse tipo de atuação, todavia estamos persuadidos por Deus de que esta é a estratégia que devemos usar na igreja. Primeiramente, porque em nada fere os princípios da Palavra e, em segundo lugar, porque gera organização e, finalmente, traz resultados valiosos na vida das pessoas.

Cultos direcionados têm sido um instrumento de Deus para abençoar vidas e transformar pessoas diariamente em nossa comunidade. Acredito que na sua realidade isso não será diferente, porque as pessoas têm necessidades muito semelhantes.

Uma igreja pode ter quantas celebrações achar necessárias, levando em conta o número e o perfil das pessoas à quais precisa atender. Ouvi o testemunho de um irmão batista, por exemplo, de que sua igreja em Cuba fornece senhas para as pessoas participarem dos cultos, pois a demanda é maior do que a capacidade de atendimento. Como eles não podem ampliar seu templo, devido às leis do governo que restringem a abertura de novas igrejas, e também aos custos da construção, esta foi a solução encontrada. Vemos que a adoração não se restringe a um modelo fechado, e a igreja administra sua realidade como pode.

As celebrações direcionadas também levam em conta os tipos de ministérios que a igreja possui. Pode haver cultos de apoio a ministérios específicos, como ministérios com crianças, adolescentes, jovens, terceira idade, esportistas, surdos, marginalizados, entre inúmeras possibilidades. Sendo assim, não entrarei na questão da quantidade de cultos de uma igreja.

Sejam realizados durante a semana ou aos sábados e domingos, focaremos sempre em cultos dirigidos, especializados para o público-alvo a que se destinam.

Vale ressaltar que não existem no Brasil e no mundo igrejas de elevado crescimento que ofereçam sempre as mesmas celebrações ou apenas aos domingos.

Direcionando uma celebração

Temos percebido em nossa comunidade que as celebrações direcionadas são mais eficazes, especialmente porque comunicam melhor os objetivos propostos e facilitam muito sua avaliação. No entanto, nesta visão, é necessário que se faça também a contextualização em cada celebração. Pense, por exemplo, nas questões a seguir.

Vestimentas

A roupa que usamos na celebração também comunica algo. Assim, precisamos estar adequadamente vestidos para que isso não se torne uma barreira na nossa abordagem. Imagine se em um casamento o celebrante vestisse uma camiseta regata? Ou num culto de jovens o pregador usasse terno e gravata? Ou mesmo na celebração para não cristãos o pregador vestisse uma estola sacerdotal?

Em qualquer desses exemplos, o processo de comunicação estaria comprometido porque as roupas dos celebrantes comunicariam algo contrário à mensagem aplicada.

Assim, se culto é informal, é adequado que as pessoas se vistam informalmente; se o culto é tradicional, pede-se uma roupa mais formal.

Linguagem e comunicação

O estilo de comunicação também deve mostrar contextualização temática na forma em que se comunica a mensagem e na linguagem utilizada. Esteja a igreja numa área rural ou urbana, nas mais diferentes classes sociais e contextos, a comunicação precisa levar em conta o público-alvo.

Um culto direcionado a crianças deverá desenvolver uma abordagem específica, bem como um culto para adolescentes, para jovens, para anciãos e também para o auditório eclético. Como dissemos anteriormente, a comunicação começa no receptor.

Recursos didáticos

O recurso didático deve ser visto como um instrumento para somar, e não para atrapalhar a comunicação. Usar multimídia para crianças que não contenha nenhuma ilustração, por exemplo, é perda de tempo. Usar esboços com frases longas para adultos também não ajudará afixar as ideias centrais.

Instrumentos e músicas

O repertório musical e mesmo os instrumentos utilizados também devem ser contextualizados na celebração. Existem músicas com as quais o público adolescente se identificará mais, por exemplo. Por outro lado, tentar implementar determinados tipos de música em cultos muito tradicionais, sem que se faça a devida transição, desencadeará conflitos desnecessários que não edificarão ninguém.

Todos os instrumentos podem ser utilizados no culto cristão, pois não há instrumentos sacros ou profanos. O que há são vidas sacras ou profanas!

A questão do estilo musical está muito mais relacionada a gostos e preferências pessoais, influenciados por diferentes formações culturais e familiares. No entanto, é preciso atentar para o conteúdo das músicas, que precisam conter letras cristãs e edificantes.

Celebrações de final de semana

No contexto de cada igreja local, a comunidade deve procurar a forma pela qual possa atrair mais pessoas e comunicar melhor a mensagem do evangelho redentor de Jesus Cristo.

Na nossa comunidade, os cultos de fim de semana são os mais frequentados, o que acredito ser a realidade da maioria das igrejas evangélicas brasileiras.

Domingo pela manhã. Acreditamos que esse dia e esse horário ainda são os mais comuns para as famílias irem à igreja. A nossa celebração de domingo pela manhã é destinada à consagração e devoção dos fiéis. Nessa ocasião, mobilizamos os membros para os desafios da igreja e seus ministérios, desenvolvendo ciclos de mensagens que mobilizam a membresia para adoração, missões, comunhão, discipulado e ministério, sempre visando o indivíduo e seu ministério na igreja local.

Todos os elementos da celebração, como a música, a dança e as intervenções de teatro e multimídia, estão relacionados e giram em torno do tema central da mensagem proposta para a ocasião. É também durante as celebrações do domingo pela manhã que realizamos a ceia do Senhor.

Domingo à noite. O domingo à noite é usado especificamente para alcançar os sem-igreja. Acreditamos ser esta ocasião a mais propícia para conduzir pessoas sem Jesus à igreja por meio de convites pessoais ou da mídia. Uma celebração voltada a esse perfil deve ser objetiva e oferecer uma mensagem diretamente ao coração das pessoas. As mensagens são sempre evangelísticas e oferecem uma oportunidade de resposta.

Esta celebração deve ser mais curta, sem a inclusão de elementos que não façam sentido para os sem Jesus. As canções, por exemplo, contêm uma letra de fácil entendimento ao coração dos sem Cristo. Por outro lado, todas as intervenções são realizadas para comunicar a mensagem da salvação, com testemunhos e mensagens de apelo evangelístico.

Apresentações musicais ou cantatas, por exemplo, nunca ultrapassam uma hora sem interrupções. As apresentações musicais, no contexto da celebração, acontecem com momentos de louvor, intercessão, mensagem pregada culminando num apelo por uma decisão.

Neste contexto, nunca apresentamos ou identificamos os visitantes, o que pode atingi-los negativamente, caso eles se sintam expostos. O objetivo do início ao fim desta celebração é fazer que as pessoas se sintam confortáveis e à vontade no ambiente, para que abram o coração a fim de receber a mensagem.

Celebrações durante a semana

As pessoas têm diferentes compromissos e vivem em contextos diversos. A igreja oferece diversas opções durante a semana para que os membros e os sem-igreja encontrem uma celebração que possam frequentar.

As celebrações durante a semana acontecem em diferentes localidades e com temas diferenciados. Já a celebração de meio de semana, às quartas-feiras, acontece na sede central da igreja, e é direcionada ao crescimento e à maturidade da membresia.

Celebrações por faixas etárias

As celebrações da igreja também contam com encontros por faixas etárias, incluindo crianças, adolescentes, jovens, jovens casais e jovens adultos.

Quanto às crianças, as celebrações são ministradas aos domingos, para aliar à participação dos pais nos encontros direcionados à sua faixa etária. Linguagem, mensagem, música, teatro e dança são desenvolvidos por pessoas vocacionadas para esse ministério. As campanhas realizadas pela igreja são contextualizadas para cada faixa etária infantil, sob a liderança do pastor de crianças e sua equipe de ministros e voluntários.

As celebrações da juventude incluem os diferentes perfis de adolescentes, jovens entre 19 e 29 anos, jovens maduros e jovens casais. O estilo destas celebrações é diferenciado para cada perfil: o de adolescentes, por exemplo, é muito mais informal, com um volume mais alto e uma linguagem condizente com o público. Já as celebrações para os jovens com mais de 19 anos se diferenciam desta primeira, já que são voltadas a um público diferente, como os universitários.

O que precisamos ressaltar é que, dentro da igreja, existem públicos diferenciados. Naturalmente, se quisermos nos comunicar bem com todas as pessoas e alcançá-las com a mensagem do evangelho, precisamos direcionar as celebrações, levando em conta essa diferenciação. Em nossa igreja local, realizamos atualmente mais de 20 celebrações por final de semana e cerca de 13 celebrações durante a semana, nos diferentes *campi*.

Pontos comuns

Ainda que existam diferentes perfis de faixas etárias, existem alguns pontos comuns a toda e qualquer audiência. Sem exceção, todas as pessoas querem ser amadas. E todas as pessoas querem que seus sonhos sejam realizados. Indo mais além, todas as pessoas sem Jesus são vazias, independentemente de idade, escolaridade ou condição social.

Sendo assim, muitas dessas pessoas vivem uma crise emocional, consumidas pelas mágoas e marcas de seu passado. De maneira geral, as pessoas vivem dias de tensão devido aos problemas da sociedade contemporânea, como o medo da violência e o desemprego, entre outros. Devemos ainda lembrar que existe um medo universal em relação à morte, independentemente de onde a pessoa venha.

Diante desse cenário, as igrejas não podem ignorar que celebrações direcionadas são uma necessidade emergente de nosso tempo. Mais do que nunca, as faixas etárias e os perfis estão cada vez mais definidos e diferenciados, e a tendência é que futuramente as coisas se especializem ainda mais. As exigências e as preferências das pessoas aumentam a cada dia, seja entre as crianças, juniores adolescentes, jovens, adultos e anciãos.

Isso ocorre especialmente entre jovens e adultos, a faixa etária predominante na nossa população. A igreja tem de lidar com realidades distintas, como grupos de casados e solteiros, viúvos, divorciados, casais com filhos e casais sem filhos, estudantes, universitários, empregados e desempregados, enfim, pessoas com realidades diversas que estão buscando grupos afins para se relacionarem mais eficazmente.

Essa realidade precisa ser levada em consideração pela igreja contemporânea tanto nos PG nos lares como nas celebrações coletivas da igreja.

Estude bem sua comunidade, verifique suas necessidades e prepare celebrações para servir melhor às pessoas e levá-las a glorificar o nome do Senhor. Não crie barreiras artificiais, mas construa pontes sólidas entre as pessoas e Deus.

Celebrações sensíveis aos sem-igreja

Ao tratarmos das celebrações, a nossa intenção não é passar um modelo congelado ou uma receita pronta para sua execução, mas sim levar à reflexão princípios aplicáveis a diferentes realidades, visto que atentem a necessidades humanas de uma forma supracultural.

Paulo nos ensina em 1Coríntios 14.9: "Assim acontece com vocês. Se não proferirem palavras compreensíveis com a língua, como alguém saberá o que está sendo dito? Vocês estarão simplesmente falando ao ar".

Precisamos falar de forma compreensível às pessoas. Algo de que devemos nos lembrar é que os sem-igreja não são melhores ou piores dos que os membros. No entanto, pessoas do grupo denominado "multidão" na Figura 1 possuem uma compressão diferente acerca da comunidade.

É preciso que a igreja quebre estas barreiras para que as pessoas entendam com clareza a mensagem de Deus.

Na realidade, deveríamos abolir a expressão "não crentes" do nosso vocabulário. A razão é simples: as estatísticas apontam que no nosso país uma parcela muito pequena da população é ateia, portanto o Brasil é um país de crentes. Obviamente, isto não significa que sejam crentes em Jesus, mas em religiões e seitas. O papel da igreja, então, é demonstrar a falácia dessas convicções, que embora sejam cultivadas com sinceridade e piedade, não estão centradas na pessoa de Jesus. Desta forma, devemos cuidar para que a nossa comunicação não gere barreiras.

Para isso, não há uma receita de bolo para uma celebração que alcance os sem-igreja, até mesmo porque cada igreja local depara com um grupo diferente a ser alcançado. Assim, gostaríamos de apresentar alguns princípios que se aplicam de forma geral, a despeito das diferenças sociais e urbanas.

1. Planeje com o público-alvo em mente

Sempre que planejar uma celebração, pense naqueles que participarão do evento. Há duas perguntas que gosto muito de usar neste momento: "Que tipo de pessoas estará presente?" e "Do que elas mais precisam?".

Certamente, as respostas a essas perguntas me darão direções imprescindíveis para uma comunicação eficaz. Mostrarão, por exemplo, qual a faixa etária, ou a realidade social, ou o nível acadêmico predominante. Indo mais a fundo, é possível verificar se as pessoas necessitam de consolo, orientação para a vida, apoio para questões familiares ou esclarecimentos sobre namoro, drogas, sexo, entre outros. Sabendo quem são as pessoas, saberemos um pouco sobre suas necessidades básicas.

Conhecendo o público, também podemos encaixar os testemunhos de vidas transformadas de forma específica e direcionada. Naturalmente, o testemunho de um jovem falará mais diretamente ao coração de ouvintes jovens, assim como um testemunho envolvendo uma situação de violência urbana falará mais ao coração de uma igreja urbana. Todo testemunho pessoal carrega um contexto e conectá-lo ao público-alvo é indispensável neste processo.

2. Crie um ambiente descontraído

Para alguém que não conhece a igreja, a experiência se inicia desde o momento em que a pessoa chega ao estacionamento e à recepção. Dependendo do que acontecer, a pessoa pode encerrar sua visita ali mesmo, indo embora ou, na melhor das hipóteses, entrando com uma postura fechada e preconceituosa. Precisamos ser realistas quanto ao fato de que, na contemporaneidade, as pessoas estão cada vez mais céticas e descrentes com relação à igreja.

Muitas vezes, palavras como "pastor" ou "sermão" soam negativas aos ouvidos da sociedade, e a grande maioria dos nossos amigos e conhecidos que não frequentam uma igreja geralmente reluta em aceitar um convite para ir a uma celebração. Eles são influenciados por muitas informações negativas e equivocadas sobre a igreja e, no fundo, pensam que os evangélicos estão apenas interessados em seu dinheiro. Muitas pessoas entram nos templos tensas e amedrontadas, com um olho no pastor e outro na porta de saída! Conforme as coisas transcorrerem durante a celebração, decidirão qual direção seguir nos próximos minutos.

Quando pessoas agradáveis, simpáticas e cordiais recebem os convidados já no estacionamento e na recepção, eles certamente adentram a igreja mais relaxados e descontraídos, pois esses pequenos detalhes ajudam a aliviar a tensão. Eles estarão menos propícios a criar barreiras mentais. Celebrações calorosas e convidativas são o primeiro grande passo para ganhar a amizade e a atenção das pessoas que não possuem a cultura de igreja.

Outro elemento indispensável para a realização da celebração sensível aos sem-igreja é a intercessão. Neste momento, trava-se uma intensa batalha espiritual, daí a importância da intercessão em prol do encontro, e especialmente em prol da mensagem, durante todo o decorrer da celebração, por meio de um ministério específico formado por crentes maduros, mas também pelos membros em geral.

A música utilizada na celebração para os sem-igreja precisa ser viva e contextualizada, com uma mensagem clara e direta de evangelismo e consolo.

O repertório pode ser definido conforme o contexto em que a sua comunidade está inserida, incluindo *pop*, baião, samba ou *hip hop*. Não há ritmos musicais santos ou profanos; o que há são letras santas ou profanas, boas ou ruins. Nunca despreze o poder da música em uma celebração, pois ela poderá ser um agente facilitador para atrair as pessoas a Jesus. Por outro lado, pode ser um instrumento de distração e até mesmo um bloqueio mental para as pessoas.

Durante toda a celebração, tenha fé que Deus realizará sua obra para aquele tempo (Hebreus 11.6; Mateus 9.29; Romanos 14.23). Por isso, faça o seu melhor e trabalhe com excelência, investindo na recepção, na música, no som e em recursos multimídia. Lembre-se, contudo, de que sem a ação sobrenatural de Deus movendo corações, não haverá obra de salvação. Somente pela fé na graça redentora de Jesus Cristo, pode haver conversão de vidas. Por isso, façamos a nossa parte e tenhamos fé que Deus, em sua soberania e em seu amor, fará a parte dele.

Em todas as celebrações para os sem-igreja, crie um ambiente vibrante e contagiante, use cânticos novos (Salmos 98.1), com letras de fácil entendimento, despreze o "evangeliquês" e atualize os termos bíblicos para a linguagem contemporânea. Faça isso de forma que os sem-igreja percebam a contagiante alegria da igreja, desejem conhecer mais a respeito da fé e queiram ser como aquelas pessoas vibrantes e alegres.

Crie um ambiente de encorajamento com as boas-novas de Jesus Cristo, usando suas palavras para levar conforto e segurança aos corações cansados e aflitos. Lembre-se de que provavelmente o único cuidado pastoral que aquelas pessoas terão na semana será a mensagem que virá do púlpito da igreja. Se possível, crie um atmosfera familiar e informal. Afinal, ninguém usa informalidade em casa, e é assim que desejamos que os nossos amigos se sintam em nossa igreja, não é mesmo?

Se possível, imprima os principais pontos e versículos da mensagem com espaços a serem preenchidos, para que as pessoas possam interagir com a mensagem. No decorrer da celebração e da exposição da mensagem, devemos ajudar os sem-igreja a relaxar, usando inclusive o humor.

Nunca apresente os visitantes ou convidados, costume que é relativamente comum nas igrejas evangélicas. Isto é muito constrangedor, pois os visitantes não querem ter as atenções voltadas para eles. Certa vez me lembro de ter convidado um amigo para ir à igreja e o pedido dele foi: "Não me chame para ficar de pé e dizer o meu nome". E, mais recentemente, uma irmã, cujo esposo é um sem-igreja, me confessou: "O meu marido está vindo à igreja, o que para mim é uma grande vitória; ele nunca gostou de ser apresentado como um visitante diante de todos".

É algo simples, mas que faz a diferença. Em vez de apresentar publicamente os visitantes, agradeça ao início e ao final do culto a presença deles. A mentalidade da apresentação pessoal dos sem-igreja no culto, por mais sincera e bem intencionada que seja, faz parte de uma visão ultrapassada que não mais corresponde às necessidades da pós-modernidade.

3. Sempre faça o convite e espere um "sim"

Em todas as celebrações, sempre ofereça uma oportunidade para as pessoas receberem a Cristo e espere que elas respondam positivamente ao convite! A forma como este convite acontece naturalmente dependerá de cada realidade local.

Entendendo que celebração tem a ver com entrega e aceitação, ou ainda, com mensagem e recepção, as pessoas precisam de uma oportunidade para responder ao que ouviram. Sem isso, a proposta da celebração ficará incompleta e faltará um meio para avaliar se o objetivo proposto foi alcançado.

Em nossa comunidade, usamos alguns meios para verificar se de fato as pessoas estão entendendo a mensagem. Na celebração direcionada aos sem-igreja, utilizamos o tradicional apelo e o pedido para que as pessoas que aceitaram a Cristo levantem uma das mãos; depois, pedimos que venham à frente. No entanto, sabemos que isso pode inibir a decisão pública de algumas pessoas, porque as expõe (ainda assim, temos alcançado entre 10 e 40 decisões públicas por celebração com esse sistema). Assim, dada a grande frequência de visitantes em nossas celebrações, sabemos que pode haver muito mais pessoas aceitando Jesus publicamente, e diante disso introduzimos o sistema de decisão por meio de cartões, dando uma segunda opção para que as pessoas manifestem sua decisão.

É possível fazer uso de outros meios, como pedir que as pessoas fiquem de pé ou comuniquem sua decisão ao final da celebração a obreiros identificados. As formas podem variar, porém você não pode abrir mão de dar às pessoas um ou mais canais para expressarem sua decisão.

4. Escolha um estilo musical que combine com o público

Podemos dizer que a música é fator número um para posicionar sua igreja em relação a quem você deseja alcançar. Se a música for muito distante do estilo musical que as pessoas gostam de ouvir, a igreja terá imensas dificuldades em conseguir atraí-las perto de si. É preciso frisar que a música não é responsável pelo trabalho de conversão, mas pode atrair ou distrair a atenção das pessoas, o que é muito importante neste processo.

Se a sua igreja se limitar, por exemplo, a usar hinos do século passado e músicas clássicas e eruditas, provavelmente atrairá somente outros crentes mais antigos e tradicionais, acostumados a este estilo musical. Que tipo de pessoas você deseja atrair? Não subestime a importância da música e empenhe recursos para selecioná-la.

Lembre-se do valioso conselho do pastor Rick Warren: "Não tente agradar a todos!". Esse é um valor muito importante para o seu ministério, e não somente na escolha do repertório. A partir dessa constatação, você estará livre para tomar decisões baseadas naquilo que Deus deseja. Caso contrário, você apenas correrá de um lado para outro, buscando aprovação; nunca conseguirá agradar a todos nem conseguirá atrair pessoas de fora.

5. Examine e melhore os recursos

Um exemplo claro que podemos apresentar nesta questão é novamente a música. Que tipo de reação você tem ao ouvir a música na sua igreja? O que ela provoca em você? Esse certamente será um bom ponto de partida para a sua avaliação. A música combina com a sua comunidade?

É de boa qualidade? O que você tem feito a curto prazo para melhorá-la? Pense em outros exemplos: a iluminação, o som, recursos multimídia como vídeos e apresentações.

Sobre a questão musical, dada a sua importância nas celebrações, podemos compartilhar algumas dicas práticas de melhorias no curto prazo. Acelere os andamentos, evite músicas com tons mais baixos, substitua os termos arcaicos e herdados de tradições passadas. Você pode até mesmo substituir certos termos bíblicos que fazem sentido para a comunidade cristã, mas não para as pessoas sem conhecimento da Palavra.

Dessa forma, contextualize e modernize o seu repertório, mesmo que você faça uso de corais e grupos vocais. Quanto aos instrumentos, providencie uma revisão e uma afinação geral. Se for necessário, invista em instrumentos novos, como um teclado com mais recursos ou uma nova bateria. Também encoraje e incentive os membros a se aprimorarem tecnicamente e a escreverem novas músicas, pois isso é bíblico, atual e valoriza o talento em sua igreja.

Não menos importante é a questão da duração da celebração. Não dedique um tempo exagerado às canções, tampouco um tempo muito restrito. A música pode deixar a celebração longa e, por melhor que seja, ela começará a ficar enfadonha para os sem-igreja. A chave, como sempre, é o equilíbrio. Lembre-se de que os sem-igreja não estão acostumados a permanecerem por muito tempo em uma celebração e, por mais que a sua preferência pessoal seja a favor de longos períodos, outras pessoas não pensam como você. Aliás, elas poderão não voltar, pois se lembrarão de que terão de permanecer um tempo infindável ali.

6. Avalie e melhore sempre

Depois de cada celebração, crie o hábito de separar um tempo específico e previamente determinado com os líderes envolvidos diretamente na ocasião, como líderes de adoração, líderes da banda ou coral, líderes de multimídia e quem mais puder contribuir com uma avaliação madura.

As celebrações: diversificadas e direcionadas

Nesse encontro, as perguntas serão: "O que podemos fazer melhor na próxima semana?" e "O que não deu certo na última celebração?". A prática de avaliar resultará em novas visões e sonhos para a comunidade e não deixará que a sua equipe caia na tentação da acomodação e da mesmice. Lembre-se de que tudo o que está sendo feito hoje pode ser aperfeiçoado e melhorado.

Numa avaliação, é necessário ouvir com paciência e saber filtrar as críticas, discernindo entre preferências pessoais e o que é o melhor para o Reino. Se a sua avaliação se resumir à discussão de gostos pessoais, você não chegará a lugar algum.

Leve em consideração cada um desses pontos no planejamento e na execução das suas celebrações, dedicando atenção especial às celebrações voltadas aos sem-igreja. Trabalhe com excelência, consagração e ousadia, equilibrando os propósitos de Deus em cada ocasião e fazendo das celebrações ferramentas poderosas para o crescimento do Reino.

Capítulo 13

Eventos-ponte: pescando com múltiplos anzóis

Caminhamos para os últimos dias da Igreja do Senhor Jesus. Grandes ceifas estão acontecendo ao redor do mundo, e estamos colhendo nos últimos campos. Vemos o agir de Deus por meio de seus servos e de suas igrejas que, em obediência a ele, estão usando bem o tempo da graça da salvação nessas últimas gerações e em todos os povos.

A Bíblia revela alguns princípios de como podemos fazer isso. Quero chamar a sua atenção para dois textos:

> Pôs um novo cântico na minha boca,
> um hino de louvor ao nosso Deus.
> Muitos verão isso e temerão,
> e confiarão no SENHOR (Salmos 40.3).

> Sejam sábios no procedimento para com os que são de fora; aproveitem ao máximo todas as oportunidades (Colossenses 4.5).

Ao examinar essas duas passagens, podemos destacar algumas lições importantes para o nosso ministério.

A primeira lição é que uma pessoa sem Jesus pode ser desafiada a temer, confiar e entregar a vida a Deus a partir do testemunho de adoração de um cristão. Como o salmista bem coloca, o relacionamento intenso de um cristão com Deus pode despertar em um sem-igreja o interesse por conhecer ao Senhor.

Em segundo lugar, nós, que somos salvos por Jesus, devemos estar preocupados com os que ainda não encontraram a salvação e fazer o máximo esforço para testemunhar a nossa fé. As oportunidades para pregar o evangelho e compartilhar o poder de Deus devem ser valorizadas e transformadas em momentos especiais para a igreja local.

O terceiro ponto a observar é que é possível "aproveitar ao máximo todas as oportunidades". Na minha experiência pessoal, tenho visto que artistas cristãos, por exemplo, são capazes de fazer coisas excelentes quando se dedicam à sua arte com o propósito certo. Da mesma forma, é possível gerar eventos criativos e atraentes para os sem-igreja. Desde que planejado com cuidado, excelência e revestido de oração e temor, um evento-ponte gerará um resultado espiritual abençoador.

O que é um evento-ponte?

Denominamos "evento-ponte" todo evento realizado com o intuito de evangelizar pessoas. Mais especificamente, muitos eventos-ponte acontecem por meio das artes — concertos, musicais ou peças teatrais, por exemplo. Assim, creio que podemos e devemos usar a arte para impactar e ganhar vidas para Jesus. O ministério de adoração de uma igreja local deve ser utilizado intensamente na evangelização dos sem-igreja.

Um evento-ponte usa a criatividade para alavancar oportunidades de evangelismo, visando atingir a comunidade em geral. Esse tipo de evento está atento à realidade dos sem-igreja ao falar sua língua, ir até onde eles estão e ser o mais acessível possível, sem, contudo, descaracterizar o evangelho.

Um evento-ponte não oculta sua identidade cristã, mas trabalha de forma menos agressiva, sem afastar as pessoas. Como o próprio nome sugere, a intenção é conectar as pessoas com a igreja, de forma que elas possam envolver-se mais a partir daquele ponto.

Os eventos-ponte podem acontecer dentro da igreja, mas também podem ocorrer em locais "neutros", onde as pessoas tenham menos resistência em participar. Certa igreja com propósitos, por exemplo, realizou um concerto no Dia das Mães em dois *shoppings* de sua cidade. Em uma das apresentações, uma família muçulmana acompanhou toda a programação e ainda estabeleceu um longo contato com membros da igreja. Se o evento acontecesse no templo, certamente aquela família não estaria lá.

Os eventos-ponte podem e devem ser realizados nas mais diferentes esferas da igreja, como nas faixas etárias de adolescentes, jovens ou crianças. Podem acontecer na forma de festas típicas da cultura local que atraiam toda a comunidade, jantares para casais, chás para mulheres, almoços para homens de negócios, eventos esportivos e manifestações culturais nas grandes datas do calendário cristão, como o Natal ou a Páscoa.

Podemos citar cinco características básicas que qualificam um evento-ponte:

1. **Foco:** o foco principal são os sem-igreja; é esse público que queremos atrair e agradar.
2. **Relevância:** o evento-ponte é relevante para o contexto da pessoa que se deseja alcançar.
3. **Forma:** o formato e a dinâmica do evento-ponte são sempre contextualizados para o público-alvo.
4. **Ambiente:** em muitos casos, o ambiente do evento-ponte é o lugar onde os sem-igreja estão.
5. **Abordagem:** a abordagem do evento-ponte não é agressiva, mas busca estabelecer um diálogo que permita a exposição do evangelho.

Todos os ministérios da igreja podem e devem realizar eventos-ponte. Entretanto, devem sempre respeitar o princípio básico de que o público-alvo é quem define a estratégia e a forma pela qual o evento acontecerá. Quando diferentes ministérios trabalham nesse sentido, é possível alcançar pessoas distintas: a melhor pessoa para ganhar um adolescente para Jesus é outro adolescente, assim como os surdos, as mães solteiras e assim por diante.

Qualquer que seja o ministério organizador do evento, ele deve revestir-se de oração, temor e dependência de Deus, amar as pessoas que deseja alcançar, investir tempo para fazer um planejamento cuidadoso e preocupar-se com a excelência em todos os detalhes.

Toda igreja saudável e dirigida por propósitos deve estar atenta às oportunidades para que, por meio de PG, dos ministérios ou de toda a igreja, sejam realizados eventos-ponte catalisadores.

Promovendo um evento-ponte

Alguns cuidados devem ser tomados na organização de eventos-ponte. Citaremos alguns a seguir, com um foco maior sobre os eventos relacionados às artes.

Elabore um projeto-piloto. Você só consegue gerenciar o que for capaz de planejar. Por isso, invista tempo no planejamento e leve em consideração esta etapa já na escolha da data do evento. É melhor que um evento ocorra mais tarde do que se realize com falhas e erros básicos que poderiam ter sido evitados com um bom planejamento.

Em seu projeto, defina o foco principal de ação, estabelecendo objetivos específicos que mostrem onde se pretende chegar e por que é necessário chegar lá. É aqui que se define o público-alvo, o que auxiliará você na definição da estratégia e na avaliação dos resultados.

Em seguida, delegue responsabilidades e tarefas específicas para cada equipe. É importante que cada um saiba qual é seu lugar e quais são as expectativas sobre ele. Assim, você evitará retrabalhos e garantirá que todas as áreas sejam gerenciadas em sua totalidade.

Uma grande questão a ser considerada em qualquer evento é a parte financeira. É comum que os custos sejam mal dimensionados, ou que se conte com um recurso que acaba não chegando. Para evitar esse problema, forme uma equipe com experiência na área financeira para assumir essa responsabilidade junto a você. Elabore um orçamento realista, minimizando as entradas e maximizando as saídas, e evite abrir exceções na fase de implementação. Defina também antecipadamente a fonte provedora dos recursos. Não tenha medo de planejar! Promova a sua tranquilidade e a segurança na realização do evento.

Seja o mais profissional possível. Infelizmente, muitos cristãos pensam que, quando fazem um trabalho para Deus, qualquer coisa serve. Esse tipo de pensamento é uma falácia! Devemos fazer para Deus sempre o melhor. Veja o que a Bíblia diz em Colossenses 3.23, na versão *A Mensagem*:

> Lembrem-se de que, no fim das contas, o Senhor que vocês estão servindo é Cristo. O empregado mal-humorado que só faz trabalho de má qualidade terá de prestar contas. Ser um seguidor de Jesus não cobre o serviço malfeito de vocês.

A grande questão aqui é a excelência. Ser profissional envolve, por exemplo, cumprir horários preestabelecidos. Por isso, nunca comece um evento-ponte atrasado. Isso pode ser interpretado como um desrespeito por parte dos presentes.

Outro exemplo de profissionalismo é fazer uso do melhor sistema de som, iluminação e equipamentos que puder. Não hesite em recorrer a locações, caso não disponha da aparelhagem necessária. Um convidado dificilmente aceita um improviso ou tem boa vontade para ouvir um espetáculo se não entender o que está sendo cantado. Além disso, capriche na decoração do ambiente e cuide dos detalhes junto à recepção, de forma que os convidados sejam recebidos com um agradável e sincero sorriso, sentindo-se realmente esperados para aquele momento.

Prepare tudo com a maior antecedência possível e ensaie todos os pontos antes. É importante fazer um ensaio geral no local antes do evento e chegar no mínimo três horas antes do início da programação. Lembre-se de que o que você não faz no ensaio certamente não conseguirá fazer durante a apresentação.

Invista em uma boa comunicação visual. A comunicação visual envolve a mídia impressa e digital que será distribuída e divulgada para convidar as pessoas para o evento. Também contempla itens visuais como *banners*, sinalização e recursos multimídia. A comunicação visual deve ser desenvolvida por um profissional de *design*. Para a mídia impressa, invista em materiais em quatro cores e papéis de qualidade, pois isso anteciparia a qualidade do evento. Se possível, construa um *hotsite* para grandes eventos contendo todas as informações e faça bom uso das redes sociais. Todas as mídias devem seguir o mesmo padrão da comunicação visual.

Em consonância com a equipe de criação, tenha uma boa equipe de marketing que trabalhe para que o público-alvo seja atingido por meio de rádios, TV, jornais, mídias sociais e qualquer outro meio disponível.

Uma dose de criatividade amplia as possibilidades e otimiza os recursos do investimento. É verdade que todos lutamos com a escassez de recursos, por isso trabalhamos de todas as formas para que aquele investimento seja aproveitado ao máximo, fazendo parcerias e contando com a ajuda de profissionais que amam ao Senhor e desejam servi-lo em oportunidades como essas.

Pense como convidado. O primeiro sentimento que uma pessoa tem ao ser convidada para um evento-ponte é "O que acontecerá comigo lá?". Por isso, para ajudá-lo a relaxar, torne o seu evento mais próximo possível a um evento secular comum, no que tange à apresentação e à dinâmica.

Não elabore um programa muito extenso, pois o público-alvo pode não estar acostumado e acabar desistindo de ficar até o fim. Além disso, mostre sempre que aquilo que você está oferecendo supre uma necessidade e pode ajudá-lo na vida diária. Por exemplo, em um espetáculo, enfatize a importância e os benefícios da arte. Não é preciso apresentar o plano da salvação num primeiro momento. Deixe essa mensagem para o final e apresente-a de forma breve e leve. Você pode aprofundá-la para as pessoas que demonstrem algum tipo de abertura, como uma ficha de decisão, por exemplo.

Considere o tipo de música que as pessoas da sua região mais gostam, assim como o melhor horário para realizar o programa. Descubra se o projeto realmente supre alguma necessidade ou carência da região. Você pode estar respondendo a perguntas que ninguém está fazendo e deixando questões importantes sem resposta.

Quanto à comunicação em um evento-ponte, é interessante observar alguns pontos sobre a transmissão da mensagem bíblica. Em primeiro lugar, o título da mensagem deve ser atrativo, endereçando temas que sejam relevantes aos ouvintes. Quanto mais informal for a abordagem, mais próxima ela chegará às pessoas. Porém, não confunda informalidade com vulgaridade. Caso o ambiente exija, seja um pouco mais requintado. Não deixe o ouvinte sob pressão, mas apresente a mensagem bíblica de forma simples e objetiva. Procure usar ilustrações, fazendo uso de vídeos ou dramatizações. Se decidir recorrer a um testemunho, peça-o com antecedência e por escrito, de forma que a pessoa não deixe de comunicar bem a mensagem por nervosismo.

Todos esses cuidados são de extrema importância. Ao pensar nos seus eventos, lembre-se de que você nunca terá uma segunda chance de causar uma primeira boa impressão!

Mobilize voluntários. Para realizar um evento-ponte de qualidade, é necessário mobilizar uma grande equipe de voluntários, que deem conta de uma quantidade massiva de detalhes. Para viabilizar um evento, você precisará de muitas equipes de apoio, afinadas com o líder e trabalhando dentro do mesmo objetivo e propósito.

Na nossa igreja, sob liderança da base de adoração, temos o ministério de eventos e projetos especiais, responsável por coordenar os eventos-ponte de adoração e liderar equipes de voluntários, que chegam a 500 pessoas em um único evento.

A seguir, você pode encontrar algumas equipes que normalmente compõem a realização de um evento-ponte e suas responsabilidades:

Coordenação geral	• Definir quais serão os eventos-ponte do ministério durante o ano • Descrever a visão e idealizar o evento • Coordenar e acompanhar as ações das equipes de trabalho • Formalizar contatos com os envolvidos na realização • Promover a integração e a utilização de voluntários • Buscar recursos em forma de patrocínio e gerenciar o orçamento geral do evento

Secretaria geral	- Manter contato com convidados envolvidos, cuidando de detalhes como hospedagem e logística - Apoiar a coordenação geral em todas as necessidades e decisões - Providenciar documentos e necessidades burocráticas
Logística	- Coordenar as equipes de transporte, estacionamento, limpeza e segurança - Supervisionar a montagem e a desmontagem geral do local do evento - Apoiar a coordenação geral
Som	- Providenciar todos os equipamentos e os operadores para o som e multimídia - Organizar uma equipe para a montagem e desmontagem dos palcos - Elaborar o mapa de palco para todo o evento - Coordenar a gravação, edição e venda de DVDs e CDs do evento
Imagem e multimídia	- Gerenciar o convênio de filmagem do evento - Coordenar a projeção das mensagens no local, já com mesa de corte e gerador de caracteres interagindo com computador e filmadora - Organizar a escala da equipe de trabalho - Coordenar toda a montagem e manutenção dos equipamentos
Alimentação	- Preparar o lanche para as equipes de voluntários que precisam chegar mais cedo - Organizar almoços e jantares especiais para levantar recursos financeiros para os projetos - Organizar o preparo e a venda de lanches, salgados e doces em ambiente externo quando necessário

Eventos-ponte: pescando com múltiplos anzóis

Hospedagem	• Providenciar a hospedagem de todos os convidados, bem como seus traslados durante o evento e a sua alimentação
Transporte	• Providenciar o transporte dos equipamentos até o local do evento • Organizar o transporte para convidados
Marketing	• Cuidar da criação, impressão e distribuição de toda mídia impressa • Fazer a divulgação em diversos meios de comunicação de massa • Cuidar da preparação visual do local do evento
Montagem e desmontagem	• Efetuar a montagem dos palcos no local do evento ou acompanhar fornecedores • Efetuar instalações elétricas solicitadas pelas equipes de trabalho • Organizar uma equipe de manutenção que ficará disponível durante o evento • Trabalhar afinado com o coordenador de logística
Saúde	• Organizar um plantão médico para atuar durante o evento • Providenciar a instalação do ambulatório médico
Intercessão	• Organizar grupos de oração para intercessão durante o evento • Organizar uma vigília de oração nos dias que antecedem o evento • Organizar maratonas de oração de 24h com intercessores revezando-se de hora em hora

Finanças	• Elaborar com o coordenador geral o orçamento do evento • Efetuar recebimentos e pagamentos referentes ao evento • Acompanhar a conta corrente destinada a projetos e eventos • Manter as despesas equilibradas com o orçamento de modo que cada evento seja sustentável
Fotografia	• Fotografar o evento, obtendo o melhor resultado e sendo o mais discreto possível • Fornecer as fotos para a equipe de marketing, para alimentar o site da igreja e uso em ocasiões futuras

Essas são apenas algumas das principais equipes para a realização de eventos-ponte. De acordo com a natureza do evento, somam-se equipes específicas, como coro, orquestra, dança e teatro, cada uma com líderes e dinâmicas próprias.

Uma equipe ganha maior eficiência com o passar do tempo. Por isso, ao gerenciar diversas equipes, não tenha a expectativa de fazer tudo absolutamente certo nas primeiras vezes. São os erros que muitas vezes nos ajudam a acertar.

Abrindo portas em espaços seculares

Nos últimos anos, tem sido mais fácil conseguir espaços seculares para a realização de eventos promovidos por igrejas evangélicas. Contudo, em algumas regiões do país, a resistência ainda é grande.

Em nossa cidade, pela graça de Deus, temos tido boas oportunidades e contado com parcerias importantes com instituições culturais do governo e da iniciativa privada que não possuem vínculos religiosos.

Para abrir portas, tenha calma ao abordar a pessoa que decide sobre a liberação do espaço ou recurso. Ao apresentar o seu evento, concentre-se na negociação do evento em si e deixe a pregação do evangelho para o momento de sua realização.

Ao procurar o responsável por eventos na prefeitura, por exemplo, apresente os benefícios culturais para a cidade, deixando a mensagem para o dia do evento. Desenvolva também a consciência de que nem sempre você estará falando com um evangélico, tampouco alguém que esteja dentro da igreja, por isso opte por uma abordagem mais técnica e gerencial. Deixe seus alvos e estratégias bem claros, de modo que o seu interlocutor — parceiro, investidor ou instituição —, tenha segurança de que o evento realmente acontecerá e será muito bom. Ninguém quer associar-se com algo que pode dar errado. As pessoas querem colocar seu nome em coisas que funcionem. Mostre também as vantagens que os parceiros terão em apoiar o seu projeto. Seus parceiros sempre levantarão a pergunta: "O que eu vou, ou a minha empresa vai, ganhar com isso?".

Tenho a visão de que, quando um projeto nasce da vontade de Deus, ele acontecerá e os recursos virão. Contudo, aprendi que posso tomar certos passos para facilitar o processo e torná-lo mais eficaz e menos desgastante, uma vez que os recursos disponíveis na igreja local são sempre menores do que as necessidades que temos.

Uma alternativa para captar recursos é trabalhar em parceria com instituições públicas. Eventos-ponte que envolvam manifestações artísticas podem ser considerados eventos culturais, o que facilita a liberação de recursos. As prefeituras e instituições culturais públicas dispõem de verbas a serem investidas em cultura para o público em geral, por isso lute por esses recursos.

Estabeleça regras de parceria bem definidas. Isso mostrará sua organização, seu profissionalismo e sua excelência. Nunca se esqueça de que um evento só termina quando tudo é desmontando, entregue ou guardado, e os relatórios finais são entregues aos responsáveis. Todo evento se apresenta em três diferentes fases: pré-evento, evento e pós-evento. É preciso terminar bem!

Seja ousado! Prepara-se e mãos à obra. Caminhe, faça a sua parte com a certeza de que Deus está à sua frente e que, se for plano dele, o seu evento acontecerá e será bem-sucedido!

Parte 5

Ministérios da igreja com propósitos na realidade brasileira

Capítulo 14

Gestão ministerial

Ministério infantil, ministério de surdos, ministério para cuidar de moradores de rua, ministério de estacionamento. Poderíamos citar centenas de ministérios diferentes, atendendo a públicos mais diversos. Algumas questões que se colocam para os líderes estratégicos da igreja são: "Como gerir todos esses ministérios?", "Onde investir prioritariamente?", "Como tratar a questão dos voluntários?", "Quantos ministérios deveríamos ter, afinal?".

A gestão ministerial é um dos grandes desafios da igreja, dada a pluralidade das iniciativas, dos públicos-alvo e das atividades da igreja. Por meio da implementação dos propósitos na igreja, é possível encontrar uma maneira de fazer uma gestão ministerial com sucesso nos moldes de sua realidade local.

Como realizar uma gestão ministerial com propósitos?

Como vimos antes, são duas as áreas responsáveis para que uma igreja seja ministerialmente conduzida pelos cinco propósitos: as bases e as faixas etárias. As bases referem-se às áreas conduzidas por líderes encarregados de cada um dos cinco propósitos. As faixas etárias dizem respeito aos agrupamentos por idade: crianças, adolescentes e jovens, adultos e terceira idade, a quem carinhosamente chamamos de másteres. Cada faixa etária possui um líder correspondente.

A matriz 5x5

A matriz 5x5 é o ícone que utilizamos para demonstrar a interação entre bases e faixas etárias.

Bases	Faixas etárias
Adoração	Crianças
Comunhão	Adolescentes
Discipulado	Jovens
Ministério	Adultos
Missões	Másteres

Por que a matriz 5x5 é tão importante? Primeiro, porque favorece o equilíbrio, trazendo saúde espiritual e endereçando cada propósito e cada faixa etária da igreja. Cada um dos cinco líderes das bases e cada um dos cinco líderes das faixas etárias são responsáveis pela gestão ministerial da igreja, trabalhando em conjunto e sob a direção do pastor sênior. Todos os ministérios da igreja são geridos a partir dessa estrutura.

A estrutura 5x5 traz interatividade, promovendo a comunicação e a cooperação mútua. A matriz 5x5 promove também a sincronia, pois promove ações conjuntas e com objetivos comuns. Essa sincronia aumenta a unidade, vencendo uma barreira recorrente em diversas igrejas ao lidar com a gestão de inúmeros ministérios.

Um aspecto importante da estrutura da matriz 5x5 é a forma de nortear a distribuição dos recursos. A matriz 5x5 estimula a igreja a investir com equilíbrio em cada base e faixa etária.

A matriz 5x5 permite também a medição objetiva dos resultados. Pode-se avaliar, por exemplo, como cada faixa etária está implementando e promovendo cada propósito. Ao avaliar essa interatividade, a matriz direciona o planejamento da igreja.

Podemos definir um programa com propósitos como uma equação simples:

Público-alvo + Propósito = Programa

Por isso, cada atividade promovida por qualquer uma das faixas etárias deve corresponder a um propósito em foco. E cada programa realizado por uma das bases dos propósitos deve ser concebido pensando de forma prática no público-alvo (crianças, jovens, adultos etc.) que pretende alcançar.

Por fim, a Matriz 5x5 produz excelência nas ações ministeriais.

As bases — praticando os cinco propósitos

São duas as funções específicas dos cinco líderes das bases, um para cada propósito. A primeira é conduzir o propósito que ele representa em toda a igreja. Neste sentido, dele depende, pelo menos em parte, o cumprimento daquele propósito na igreja como um todo.

Um líder que serve como responsável direto por um propósito na igreja passa a ser alguém ligado à sua essência. Desta forma, deverá, ao lado do pastor líder, captar o que Deus deseja realizar no corpo por meio daquele propósito e repassar aos demais líderes.

Outra função atrelada ao líder da base é fazer a gestão dos ministérios ligados ao propósito específico que ele representa na igreja. Assim, o líder de um propósito o conduz de forma que as faixas etárias o vivenciem. Ele também interfere diretamente na direção dos ministérios comuns a seu propósito.

As redes — edificando as faixas etárias

Podemos resumir em duas as funções de um líder de faixa etária. A primeira está ligada à questão de posicionar as pessoas certas em cada ministério, ou seja, cabe a esse líder realizar diretamente a liderança ministerial de toda a sua faixa etária. Em sintonia com as bases, ele deve atuar para promover um ambiente no qual, de maneira equilibrada, todos desfrutem os cinco propósitos como indivíduos e como igreja.

É importante salientar que a demanda ministerial deste líder é intensa, incluindo uma rotina estabelecida pelos encontros semanais de cada faixa etária. Por isso ele precisa somar os esforços das bases, os quais serão aplicados diretamente a seus ministérios com as devidas adaptações.

Outra função do líder de faixa etária é realizar a gestão dos ministérios ligados a ela, pois há ministérios que na prática nascerão dentro do seu contexto. Além disso, alguns ministérios poderão ser alocados estrategicamente dentro da sua faixa etária por alguma afinidade identificada durante o percurso.

Como começar um novo ministério?

Na realidade ministerial da nossa igreja local, estabelecemos um caminho a ser trilhado para a formação de um novo ministério, a fim de que ele venha a contribuir com a visão da igreja.

Considere os passos a seguir para o estabelecimento de um novo ministério.

1º passo: qualificação

Em primeiro lugar, é preciso qualificar a ideia do ministério para avaliar se esse sonho ministerial é adequado à igreja. Alguns itens a serem contemplados são:

- O sonho ministerial deve estar de acordo com a Bíblia.
- O sonho ministerial deve contribuir para a boa reputação da igreja.
- O sonho ministerial não deve visar benefícios financeiros próprios ou de terceiros.
- O sonho ministerial deve suprir as necessidades do Corpo de Cristo.
- O sonho ministerial deve ser transferível a outras igrejas.
- O sonho ministerial deve ser liderado por uma equipe.
- O potencial líder deve ser membro da igreja, fazer parte de um pequeno grupo, ter concluído o ciclo de discipulado da igreja e passar por uma entrevista com o líder da base de ministério, sob a supervisão do pastor executivo-ministerial.

2º passo: informação

A partir da qualificação inicial, é necessário levantar e registrar informações importantes acerca do novo ministério. Para isso, a equipe ministerial deve responder às seguintes perguntas:

- Para qual dos cinco propósitos o ministério mais contribui?
- Qual o público-alvo do ministério?
- Quais necessidades o ministério suprirá?
- Como essas necessidades serão supridas?
- Com as respostas a essas perguntas, é possível montar um projeto ministerial.

3º passo: assimilação

Assim que definido, o projeto ministerial é analisado pelo líder da base. Se aprovado, esse líder, com o líder do ministério em questão, constrói a visão, a missão, os valores e as metas iniciais para o novo ministério.

4º passo: implantação

A validação do ministério vem após seis meses de plena atividade, a qual é supervisionada diretamente pelo líder da base de ministério. Depois disso, o ministério é oficializado para toda a igreja.

Na estrutura dos propósitos, combinando a gestão focada em faixas etárias e em bases, é possível criar, gerenciar e multiplicar ministérios relevantes, saudáveis e reprodutivos na igreja, gerando um ambiente propício para o serviço cristão.

Capítulo 15

As classes de maturidade: o crescimento saudável

O sistema de "Classes de maturidade" nasce com a finalidade de ajudar a membresia da igreja a crescer de forma saudável e equilibrada, conhecendo os cinco propósitos de Deus e comprometendo-se com eles na vida e na igreja. O uso das classes de maturidade é fundamental para uma igreja que está em transição para os propósitos.

As classes seguem uma numeração, a saber: Classe 101, 201, 301, 401 e 501. Rick Warren, criador do sistema de classes, fez uso dessa numeração tendo em vista comunicar as bases da ICP de forma criativa e contextualizada, de acordo com a realidade cultural de seu país. Nas universidades norte-americanas, é comum usar essa numeração para designar o grau crescente do nível de estudo da língua inglesa. Portanto, essa classificação releva um aprofundamento crescente, que é justamente a proposta das classes.

Você pode contextualizar os nomes das classes de maturidade para a realidade da sua igreja local. Pode adotar como exemplo:

Comprometidos com a Membresia (101)
Comprometidos com a Maturidade (201)
Comprometidos com o Ministério (301)
Comprometidos com Missões (401)
Comprometidos com a Adoração (501, desenvolvida no Brasil)

Classe 101 — Comprometidos com a Membresia

A Classe 101 trata de temas básicos, como o significado de ser membro de uma igreja, sua base bíblica e seus benefícios. O propósito principal a ser endereçado é a comunhão.

O objetivo central é levar o aluno a entender que uma pessoa sem uma família cristã é órfã; daí a necessidade de comprometer-se com Cristo e sua igreja.

A classe também ensina as declarações de fé, os propósitos, a missão, a visão e os valores da igreja. Além disso, apresenta de forma prática a estrutura da igreja local e o que se espera de um membro.

Classe 201 — Comprometidos com a Maturidade

A Classe 201 tem por objetivo levar o aluno a descobrir a maturidade espiritual e aprofundar-se nela (Colossenses 4.12; Efésios 4.14,15). O propósito endereçado aqui é discipulado.

A classe trata dos hábitos de crescimento espiritual do discípulo de Jesus — tempo devocional, oração, dízimo e comunhão — e seus fundamentos bíblicos.

Mais especificamente, o aluno aprende princípios práticos para o estudo da Palavra, bem como para cada disciplina espiritual.

Classe 301 — Comprometidos com o Ministério

Como o título sugere, o propósito da Classe 301 é o ministério, seu embasamento bíblico e sua importância na vida do cristão. O objetivo é que o aluno entenda que Deus o criou e o moldou para um ministério.

Essa classe mostra com mais detalhes como o conjunto de fatores denominado FORMA determina o melhor lugar para o indivíduo servir. O acróstico representa fatores que determinam a individualidade: formação espiritual, opções do coração, recursos pessoais, modo de ser, áreas de experiência e personalidade.

A classe ainda disponibiliza ferramentas práticas para que os alunos identifiquem qual ministério combina mais com seu perfil. Trata mais especificamente sobre dons espirituais e sobre o serviço na igreja local.

Classe 401 — Comprometidos com Missões

A Classe 401 visa levar cada membro a reconhecer e descobrir sua missão no mundo. Cada aluno entenderá tanto o aspecto universal de sua missão, pois Deus chama todo cristão para a obra, como o aspecto pessoal, pois Deus o criou com uma FORMA específica para uma missão especial.

Além disso, a classe trata sobre compartilhar a mensagem de Jesus, com orientações práticas de como anunciar o testemunho pessoal e as verdades transformadoras do evangelho. Por fim, a classe desenvolve a visão global que cada cristão deve obter com relação ao propósito de missões.

Classe 501 — Comprometidos com a Adoração

A Classe 501, desenvolvida no Brasil, parte do princípio de que a adoração é a essência da qual o "perfume" de uma pessoa é composto. A questão tratada é: "Como render a minha vida em adoração?". E ainda: "Qual é o papel da adoração em uma ICP?".

Mais especificamente, a classe traz algumas reflexões práticas sobre a celebração, sua importância, seu papel e sua fundamentação bíblica.

A quem se destinam as classes?

As classes devem ser aplicadas às pessoas que estão chegando à igreja. A Classe 101 pode ser ministrada em preparação para o batismo. Após o batismo, o novo convertido poderá cursar gradualmente as demais classes.

Quando as classes devem ser aplicadas?

As classes devem ser ministradas de forma intensiva, no período de cinco horas, com um breve intervalo.

Se a sua igreja está em fase de transição para uma ICP, é possível aplicá-las de forma mais extensa, usando, por exemplo, as escolas bíblicas dominicais.

Outra possibilidade é aplicá-las em um sábado de cada mês: no primeiro sábado, a Classe 101; no segundo, a Classe 201; e assim por diante.

É interessante providenciar um certificado de conclusão para cada classe, a ser oferecido para o aluno após a conclusão do curso.

As classes devem ser aplicadas mais de uma vez?

A princípio, as classes não precisam ser aplicadas mais de uma vez. As pessoas devem cursá-las apenas uma vez. Contudo, se com o passar do tempo o membro sentir a necessidade espiritual de refazer uma classe, não há nenhum impedimento.

O que vem depois das classes?

As classes devem ser ministradas constantemente a todos os que estiverem chegando. Não foram feitas para substituir o currículo da escola bíblica dominical ou os PG. Muitas pessoas perguntam o que aplicar assim que as classes terminarem, porém, na prática, as classes não terminam.

Sua igreja deve adotar, independentemente das classes, um currículo adequado à realidade local para a escola bíblica dominical e para os PG.

Capítulo 16

O poder das campanhas

As caminhadas de crescimento espiritual são bem conhecidas pelas igrejas e comuns tanto às igrejas tradicionais quanto às neopentecostais. Quantas igrejas, por exemplo, já fizeram pelo menos uma campanha relacionada a um projeto de construção?

As campanhas também fazem parte do cotidiano das ICP. Podemos listar diversas outras grandes campanhas e séries de mensagens feitas nos Estados Unidos e no Brasil, no entanto há duas que marcaram a história das ICP. Tais campanhas ganharam notoriedade especialmente com a publicação do livro *Uma vida com propósitos*. São elas: "40 Dias de Propósitos" e "40 Dias de Comunidade", que veremos a seguir.

Campanha "40 Dias de Propósitos"

Acredito que o crescimento espiritual dos cristãos, bem como o crescimento do Reino de Deus na nossa geração, seja um dos maiores desafios que pastores, ministros e líderes de igreja enfrentam hoje.

A maturidade cristã não é automática, todos sabemos disso. Então, como iniciar algo que possa sacudir nossas igrejas e impactar a vida de nossos membros? Como obter um resultado não apenas satisfatório, mas incrivelmente transformador, que redunde em vidas completamente transformadas segundo os propósitos de Deus para a glória do Pai?

Todas as partes da campanha "40 Dias de Propósitos" destinam-se a ajudar as pessoas a começar a agir com base nos cinco propósitos; não apenas estudá-los, mas praticá-los de acordo com a Palavra.

Assim, a campanha desenvolvida pelo pastor Rick Warren visa o crescimento espiritual, e não o crescimento numérico da membresia. O último, contudo, é frequentemente uma consequência natural do primeiro. Essa campanha está fundamentada no livro *Uma vida com propósitos*, também de autoria do pastor Rick Warren.

O foco central da campanha é levar as pessoas a viver de forma pessoal os cinco propósitos divinos. O objetivo é que cada pessoa cresça de forma equilibrada e saudável aqui na terra e se prepare para a eternidade.

É possível viver dessa maneira quando se entende que:

- Você foi planejado para o louvor a Deus.
- Você foi formado para a família de Deus.
- Você foi criado para tornar-se semelhante a Cristo.
- Você foi moldado para servir.
- Você foi feito para uma missão.

A campanha funciona com base em um currículo que pode ser seguido por PG ou mesmo nas escolas bíblicas dominicais. Esses são veículos fundamentais para viabilizar o desenvolvimento da campanha. As celebrações também são definidas de acordo com a campanha, com mensagens específicas sobre os propósitos. O currículo de PG e as mensagens podem ser encontrados no *kit* da campanha disponibilizado pelo Ministério Propósitos no Brasil.

Além disso, a igreja pode desenvolver como parte da campanha eventos catalisadores e agregadores, como vigílias, jejuns, eventos-ponte, entre outros. Esses eventos poderão mobilizar, despertar e unir a igreja em torno da campanha.

1. *Cronograma básico*

A implementação da campanha se inicia com uma etapa de planejamento. É importante formar uma equipe dedicada a liderar e executar as ações, definindo um líder geral. Também é fundamental esclarecer a campanha para os líderes-chave da igreja de forma muito detalhada.

Paralelamente, é preciso preparar uma boa ação de marketing interno na igreja, gerando expectativa e impacto antes mesmo que a campanha se inicie. Os materiais relativos a essa preparação também estão disponíveis no *kit* da campanha.

As mensagens dominicais devem tratar dos seguintes temas, que serão o foco das ações durante a semana:

1ª semana: Por que estou aqui?

2ª semana: Adoração

3ª semana: Comunhão

4ª semana: Discipulado

5ª semana: Ministério

6ª semana: Missões

7ª semana: Encerramento

2. *Passos para realização*

   1. **Oração:** Nada acontece até que você comece a orar. Ponha sua vida, família, liderança, ministério e a campanha nas mãos do Senhor.
   2. **Adquira o *kit* de treinamento:** Adquira o *kit* de treinamento pelo Ministério Propósitos e assista aos vídeos e às orientações.
   3. **Escolha o coordenador e a equipe de campanha:** Escolha os seus líderes com muita oração, sabedoria e discernimento.
   4. **Treine a equipe:** Reúna a sua equipe e assista aos vídeos de treinamentos em conjunto, dividindo as tarefas por áreas específicas de ministério, como jovens, crianças, equipe de adoração, missões, entre outros.
   5. **Forme a equipe de intercessão pelos "40 Dias de Propósitos":** Escolha pessoas comprometidas e que tenham paixão pela oração para formarem uma equipe de intercessão pela campanha.
   6. **Comunique a visão para a igreja:** Para comunicar a visão, faça uso das celebrações, PG, escola bíblica dominical e, se necessário, promova um encontro específico para toda a igreja.

7. **Viva e apaixone-se pelos "40 Dias de Propósitos":** A campanha nasceu do coração de Deus para o crescimento espiritual da sua igreja. Motive a comunidade a esperar, orar, trabalhar e viver esses quarenta dias de propósitos com intensidade.

8. **Faça uso intenso da propaganda:** Use toda a variedade de meios de divulgação que puder e incentive a sua equipe a comunicar a campanha da forma mais criativa possível aos membros e à comunidade.

9. **Pense exponencialmente:** Estabeleça alvos pela fé, sonhando grande para a glória de Deus e declarando a Palavra de Deus: "Ó SENHOR, ouvi falar do que tens feito e estou cheio de temor. Faze agora, em nosso tempo, as coisas maravilhosas que fizeste no passado, para que nós também as vejamos" (Hebreus 3.2, *Nova Tradução na Linguagem de Hoje*). Ore pelo início de muitos PG, muitas vidas transformadas, centenas de almas salvas e crescimento da igreja. Nada é demais para o nosso Deus. Ele fará coisas incríveis! Peça ao Senhor do impossível para que a sua igreja nunca mais seja a mesma.

10. **Permaneça no curso:** Não desanime! Não se importe com as críticas ou os ataques do inimigo, pois ele já está vencido. Creia que Deus está com você e usará esta campanha para transformar e salvar muitas vidas.

11. **Incentive a abertura de PG:** Peça abertamente, no púlpito e de todas as formas possíveis, para que os membros abram suas casas para hospedar um novo PG. Esse grupo assistirá aos vídeos por seis semanas. Informe a eles os benefícios de receber irmãos, amigos e familiares em casa e de dar-lhes a oportunidade para crescer e/ou receber a Jesus como Salvador.

12. **Recrute facilitadores:** Os facilitadores dirigem os PG nas casas. Não se limite a buscar apenas pessoas com o perfil de líderes ou professores, mas recrute pessoas capazes de receber. A princípio, elas só terão de apertar o *play* para o vídeo. Procure pessoas que sejam simpáticas, alegres, que se relacionem bem com os outros,

tenham compromisso com Cristo e deem um bom testemunho na igreja e na comunidade.

13. **Assista ao vídeo com a igreja:** Antes do início oficial da campanha, reúna toda a igreja para assistir ao vídeo. Isso dará um impulso e um pontapé inicial à campanha. Faça-o em dia e horários propícios, em que a igreja inteira possa estar presente. Essa data pode ser concebida também como uma festa pré-campanha.

14. **Defina um data de início e um calendário para os "40 Dias de Propósitos:** Siga o calendário da campanha com foco no conteúdo. Se houver eventos marcados anteriormente, faça o possível para adiá-los ou tente inseri-los no contexto da campanha.

15. **Prepare a igreja:** Prepare a igreja para a campanha, pregando mensagens de preparação para os "40 Dias de Propósitos", disponíveis no *kit*. Desafie o povo a assumir um compromisso com Deus de crescer espiritualmente e conhecer e viver os propósitos de Deus para sua vida.

17. **Celebre os resultados:** No encerramento da campanha, festejem juntos de forma exponencial, com música, testemunhos, batismos e até ações recreativas e comidas. Estude a possibilidade de fazer uma festa de encerramento em um local maior, integrando ainda mais pessoas.

Campanha "40 Dias de Comunidade"

O alvo da campanha "40 Dias de Propósitos" é aprofundar os propósitos na vida pessoal dos membros. A campanha "40 Dias de Comunidade" acontece como uma continuação lógica da campanha "40 Dias de Propósitos", que é a primeira de uma série de campanhas que auxiliam a igreja a implementar os cinco propósitos de Deus no mundo. Há uma ordem intencional para as campanhas, pois cada uma delas edifica sobre a base lançada pela anterior.

Enquanto a questão central da campanha "40 Dias de Propósitos" é: "Para que *eu* estou aqui?", a campanha "40 Dias de Comunidade" responde à pergunta: "Por que *nós* estamos aqui?". Assim, ela expande a vivência dos propósitos para a igreja, os PG e a comunidade como um todo.

A intenção dos "40 Dias de Comunidade" é regar as sementes plantadas nos "40 Dias de Propósitos". O objetivo primário é o cumprimento dos cinco propósitos de Deus de forma coletiva. Por isso, seu lema é "juntos somos melhores". A campanha aprofunda o senso de comunidade, comunhão, unidade e harmonia na igreja, ao mesmo tempo que se dedica a alcançar a comunidade.

O modelo da igreja neotestamentária descrito no segundo capítulo de Atos mostra que ela atuava em três frentes: na igreja (grande reunião da família de Deus), nas casas (pequenos grupos) e na comunidade (atraindo o povo).

A Bíblia relata que, quando as pessoas viam os cristãos primitivos amando-se uns aos outros e vivendo um estilo de vida de comunhão bíblica, ficavam admiradas, e a cada dia o Senhor acrescentava à igreja aqueles que iam sendo salvos (Atos 2.42-47). Isso significa que a comunhão gera naturalmente o evangelismo ou, ainda, que a comunidade cria oportunidades de alcançar pessoas.

Os "40 Dias de Comunidade" partem desse pressuposto; tratam de amor e mutualidade, de amar as pessoas no seu PG, de casa em casa, na sua igreja e na sua comunidade. Implica saber que, sem amor, nada mais importa e tudo o que se fizer sem amor será esforço desperdiçado. Significa concluir que. sem amor, a igreja não tem nada a oferecer ao mundo perdido.

O amor deve ser a motivação por trás de todos os propósitos, fundamentando os atos de adoração, comunhão, discipulado, ministério e missão. Contudo, não é possível aprender a amar sozinho; é preciso estar no meio de pessoas. Por isso, o amor só pode ser expresso na comunidade.

Há dois alvos principais no "40 Dias de Comunidade". O primeiro é aumentar o nível de valorização do membro e o compromisso com a igreja local. Os membros precisam entender que a comunidade da igreja é a comunidade de Deus, que durará para todo o sempre. Devem experimentar essa comunidade em um espírito mais profundo de harmonia e relacionamento nos PG. Além disso, devem aprender a amar e valorizar uns aos outros. Por isso, o primeiro alvo da campanha é ajudar os membros da igreja a perceber como eles mesmos se encaixam numa comunidade de PG e, então, na comunidade maior da igreja.

O segundo alvo é ajudar a igreja a aumentar sua influência entre as pessoas da comunidade local. Isso será feito por meio de projetos individuais e PG. Os PG devem ser mais do que estudos bíblicos; devem estar voltados para fora.

1. Cronograma básico

Os mesmos princípios de planejamento e formação de equipes descritos para a campanha "40 Dias de Propósitos" funcionam aqui. Assim, dispense um tempo especial para o planejamento e as ações pré-campanha, usando como base o material disponível do *kit*.

A campanha é organizada em sete semanas, cada uma focando um dos cinco propósitos de Deus a serem vividos em comunidade. Todas as mensagens são baseadas no livro de Filipenses.

1ª semana: Por que estamos aqui?

2ª semana: Adoração

3ª semana: Comunhão

4ª semana: Discipulado

5ª semana: Ministério

6ª semana: Missões

7ª semana: Encerramento

2. Passos para realização

Os 17 passos descritos para os "40 Dias de Propósitos" são válidos também para os "40 Dias de Comunidade". Assim, elementos básicos para o sucesso da campanha são os princípios de oração unificada, foco e pensamento exponencial. No entanto, há algumas peculiaridades para a campanha com foco na comunidade.

Um recurso adicional utilizado aqui é o livro devocional *Juntos somos melhores*[1]. Ele contém versículos para memorização, plano de leitura bíblica diária e estudos para embasar as reuniões de PG. Também há estudos semanais em vídeos para os PG. Esse recurso visa facilitar a abertura de novos grupos e lares hospedeiros. Outra dinâmica distinta para essa campanha é a memorização diária de versículos.

---

1 **WAREN**, Rick. *Juntos somos melhores: por que estamos aqui?* 2. ed. São Paulo: Vida, 2008.

Durante a campanha, os PG são desafiados a fazer algo de forma prática. Os atos de bondade visam alcançar e impactar a comunidade e levam os membros a ser não somente ouvintes, mas praticantes da Palavra. A igreja pode sugerir centenas de tipos de atos de bondade, que variam desde doação de presentes para moradores de rua, até visitas a hospitais e reformas de casas. Os atos de bondade podem ser realizados por todas as faixas etárias, das crianças à terceira idade.

Esteja certo de que a campanha "40 Dias de Comunidade" mudará para sempre a vida da sua igreja e da sua comunidade!

Não pare por aí

Faça uso do crescimento espiritual na sua igreja, mas não pare por aí. Deus tem muito mais para o seu ministério e para a igreja. Entre em contato com o Purpose Driven Brasil, pois temos à sua disposição excelentes materiais para dar continuidade a essa maravilhosa etapa de crescimento espiritual, incluindo treinamentos para líderes e facilitadores de PG, equipes de adoração e artes, ministério infantil e juventude.

Dê cada passo sugerido pela fé, com a certeza de que Deus fará maravilhas no meio da sua igreja! Creia que os melhores dias ainda estão por vir. Como lemos nas Escrituras:

> Foi em Cristo que descobrimos quem somos e por que vivemos. Muito antes de ouvirmos falar de Cristo [...], ele já pensava em nós e tinha planos de nos dar uma vida gloriosa, que é parte do projeto geral que ele está executando em tudo e em todos (Efésios 1.11, *A Mensagem*).

Capítulo 17

Celebrando a Recuperação

Toda igreja precisa, de uma forma ou de outra, enfrentar as seguintes perguntas: "Como ajudar pessoas feridas e machucadas?" e "Como auxiliar vidas tão destruídas a encontrar esperança e a viver uma recuperação real e duradoura?". Em resposta a esse grande desafio nasceu o Celebrando a Recuperação, um instrumento de Deus para que pessoas trilhem o caminho da cura. Felizmente, muitas e muitas pessoas já tiveram a alegria de ver isso acontecer em sua vida.

Celebrando a Recuperação é um ministério que tem por objetivo principal restaurar vidas que foram destruídas, prejudicadas ou afetadas por vícios, traumas e maus hábitos. Não se limita às pessoas que lutam contra a dependência química, mas trabalha também com áreas em que muitas pessoas precisam ser restauradas: codependência, problemas de sexualidade, ira, baixa autoestima, compulsão alimentar, pânico, entre tantos outros. Todos nós precisamos de recuperação!

Este ministério nasceu da experiência pessoal de alguém que vivenciou sua recuperação nos Estados Unidos. John Baker frequentava diversas associações na tentativa de se livrar de sua dependência química e, ao passar por diversos programas, concluiu que, por mais que eles ajudassem as pessoas, havia um ponto em tudo estagnava. Em seu testemunho pessoal, Baker conta que escreveu para o pastor Rick Warren propondo um programa de recuperação que incluía características do Alcoólicos Anônimos (AA) combinados aos princípios bíblicos.

Assim, Baker fundou o Celebrando a Recuperação na Califórnia, onde foram atendidas mais de 10.500 americanos e literalmente milhares de outras pessoas em todo o mundo. Mais de 700 mil já concluíram o programa, que hoje inclui conteúdos específicos também para adolescentes e jovens.

A sabedoria de viver um dia de cada vez

Toda a dinâmica do Celebrando a Recuperação se apoia em oito princípios fundamentais, baseados nas bem-aventuranças de Mateus 5, bem como em doze passos que ajudam pessoas a trilhar o caminho da restauração, com a graça de Deus.

Os passos se assemelham aos apresentados pelo tradicional programa dos Alcoólicos Anônimos que tem auxiliado milhares de pessoas por anos e também nasceu de um contexto cristão. Cada um dos passos do Celebrando a Recuperação visa levar a pessoa para mais perto de Jesus, firmando um compromisso e um relacionamento cada vez mais forte com o Mestre, de modo que, por seu agir e graça, a restauração do indivíduo aconteça de maneira sólida e profunda. Assim, o ministério é totalmente *cristocêntrico*.

A transformação de uma pessoa restaurada passa a ser um meio para a restauração de outros, que são levados a um envolvimento com o corpo de Cristo em consequência de seu relacionamento com Jesus.

Pela misericórdia de Deus, o Celebrando a Recuperação chegou às igrejas brasileiras oferecendo ferramentas preciosas para os que buscam a cura. Certamente, esta oportunidade não pode ser desperdiçada. Tantas vezes, líderes se encontram diante de pessoas profundamente feridas pela vida e não sabem como começar a ajudar. O Celebrando a Recuperação tem provido muitas respostas a essas situações, e os frutos gerados na vida de centenas de pessoas demonstram que esta é uma ferramenta essencial para a saúde da igreja.

Valores essenciais

O objetivo principal deste ministério é ver *todas* as pessoas vivendo de forma saudável e equilibrada em seus relacionamentos: com Deus, consigo mesmo e com os outros.

Para que isso se torne realidade, o Celebrando a Recuperação tem por missão sensibilizar e encorajar as pessoas para o crescimento espiritual e emocional. Para isso, oferece um ambiente seguro no qual elas podem experimentar da graça curadora de Jesus, livrando-se de todos os tipos de traumas, vícios e maus hábitos. Trata-se, portanto, de um programa de crescimento emocional e espiritual fundamentado nas verdades bíblicas.

Esse ambiente seguro só será criado por meio da dependência de Deus, da autenticidade nos relacionamentos firmados, na aceitação da responsabilidade pessoal de cada envolvido, no encorajamento diário e na autoavaliação constante. Esses valores devem estar presentes em todo o processo do Celebrando a Recuperação.

Dinâmica e funcionamento

A dinâmica do Celebrando a Recuperação se concretiza basicamente em três eventos que marcam respectivamente três níveis de compromisso.

O primeiro nível é o *encontro geral*. É aberto a todos, sem uma específica dinâmica para identificar os participantes ou dividi-los em grupos. Este encontro se assemelha a uma celebração, pois possui um período de adoração, um momento de dízimos e ofertas, anúncios e proclamação da Palavra; mas também apresenta algumas características específicas, como a leitura dos doze passos e dos oito princípios do ministério, a abertura para testemunhos pessoais e a oração da serenidade.

O segundo nível ocorre logo após o encontro geral, na forma de *grupos de apoio*. Cada grupo de apoio trata de um assunto específico e é liderado por pessoas que obtiveram vitória naquela área. Os encontros dos grupos de apoio duram cerca de uma hora e obedecem a todas as normas de grupos anônimos de dependência:

1. **Silêncio:** quando um fala, todos os outros devem escutar e não desenvolver conversas paralelas ou comentários.

2. **Testemunho em primeira pessoa:** cada pessoa deve falar de sua experiência pessoal, descrevendo, por exemplo, o que a faz sofrer e como ela reage a essa situação, não citando outras pessoas envolvidas.
3. **Respeito:** ninguém está ali para condenar ou consertar os outros, mas para falar sobre suas experiências pessoais e aprender com as experiências dos outros.
4. **Tempo de compartilhamento:** cada pessoa é limitada a falar de 3 a 5 minutos, o que ajuda a manter o foco naquilo que realmente precisa ser dito.
5. **Sigilo:** tudo o que é dito nos grupos de apoio não é comentado em nenhum outro lugar. Não se fala sobre quem ou sobre o que foi dito no encontro.
6. **Intervenções:** implica reconhecer que cada pessoa do grupo pode ajudar as demais a crescer, inclusive o moderador.

O terceiro nível de compromisso são os *grupos de autoconfrontação*. Algumas pessoas desejam um acompanhamento pessoal de suas questões e por isso assumem um compromisso formal com o programa. Os encontros deste grupo acontecem durante doze a dezoito meses, em reuniões semanais de duas horas que trabalham o discipulado de forma muito pessoal e específica.

Atualmente, o Celebrando a Recuperação se aplica a quatro faixas etárias — adultos, jovens, adolescentes (13 a 18 anos) e, mais recentemente, crianças.

Os oito princípios

O caminho da recuperação se fundamenta em oito princípios baseados nas bem-aventuranças de Cristo. Eles são apresentados a seguir.

Princípios	Descrição	Bem-aventuranças
Princípio 1	Reconheço que não sou Deus. Admito que sou impotente para controlar a minha tendência de fazer as coisas erradas e que a minha vida está fora de controle.	"Bem-aventurados os pobres em espírito, pois deles é o Reino dos céus" (Mateus 5.3).
Princípio 2	Eu acredito de todo coração que Deus existe, se importa comigo e tem o poder de ajudar na minha recuperação.	"Bem-aventurados os que choram, pois serão consolados" (Mateus 5.4).
Princípio 3	Conscientemente escolho confiar a minha vida e a minha vontade aos cuidados e ao controle de Deus.	"Bem-aventurados os humildes, pois eles receberão a terra por herança" (Mateus 5.5).
Princípio 4	Unilateral e abertamente analiso e confesso todas as minhas falhas a mim mesmo, a Deus e a alguém da minha confiança.	'Bem-aventurados os puros de coração, pois verão a Deus" (Mateus 5.8).
Princípio 5	Peço humildemente que Deus remova meus defeitos de caráter e voluntariamente me submeto a cada mudança que ele queira fazer em minha vida.	"Bem-aventurados os que têm fome e sede de justiça, pois serão satisfeitos" (Mateus 5.6).
Princípio 6	Examino todos os meus relacionamentos, oferecendo perdão àqueles que me fizeram mal e reparando os danos que causei a outras pessoas, exceto quando fazê-lo provocaria mais danos a essas pessoas ou a terceiros.	"Bem-aventurados os misericordiosos, pois obterão misericórdia [...]. Bem-aventurados os pacificadores, pois serão chamados filhos de Deus" (Mateus 5.7,9).

Princípios	Descrição	Bem-aventuranças
Princípio 7	Reservo diariamente um tempo com Deus para autoavaliação, leitura da Bíblia e oração, a fim de conhecer a Deus e sua vontade para a minha vida e obter a força para cumpri-la.	"Bem-aventurados os pacificadores, pois serão chamados filhos de Deus" (Mateus 5.9).
Princípio 8	Anuncio, pelo meu exemplo e pelas minhas palavras, essas boas-novas a outros, conforme agrade a Deus usar-me.	"Bem-aventurados os perseguidos por causa da justiça, pois deles é o Reino dos céus" (Mateus 5.10).

Os doze passos

Cada um dos doze passos do Celebrando a Recuperação, além de inspirados do programa dos Alcoólicos Anônimos, encontram sólido respaldo bíblico. Esses passos são trabalhados no período de um mês, sendo que todo o ciclo se completa em um ano. Adicionalmente, os participantes também realizam um inventário pessoal.

Os doze passos são:

Passo 1: "Admitimos que somos impotentes diante dos nossos vícios e comportamentos compulsivos e que as nossas vidas se tornaram ingovernáveis".

> Sei que nada de bom habita em mim, isto é, em minha carne. Porque tenho o desejo de fazer o que é bom, mas não consigo realizá-lo (Romanos 7.18)

Passo 2: "Acreditamos que um poder superior a nós pode restituir a nossa sanidade".

> Pois é Deus quem efetua em vocês tanto o querer quanto o realizar, de acordo com a boa vontade dele (Filipenses 2.13).

Passo 3: "Decidimos entregar a nossa vida e a nossa vontade aos cuidados de Deus".

Portanto, meus irmãos, por causa da grande misericórdia divina, peço que vocês se ofereçam completamente a Deus como um sacrifício vivo, dedicado ao seu serviço e agradável a ele. Esta é a verdadeira adoração que vocês devem oferecer a Deus (Romanos 12.1, *Nova Tradução na Linguagem de Hoje*)

Passo 4: "Fizemos um minucioso e destemido inventário moral do nosso ser".

Esquadrinhemos os nossos caminhos, provemo-los e voltemos para o SENHOR (Lamentações 3.40, *Nova Tradução na Linguagem de Hoje*).

Passo 5: "Admitimos para Deus, para nós e para outro ser humano a natureza exata dos nossos erros".

Confessem suas faltas uns aos outros e orem uns pelos outros, a fim de que vocês possam ser curados (Tiago 5.16, *Bíblia Viva*).

Passo 6: "Dispomo-nos inteiramente a deixar que Deus removesse todos os nossos defeitos de caráter".

Humilhem-se diante do Senhor, e ele os porá numa posição de honra (Tiago 4.10, *Nova Tradução na Linguagem de Hoje*).

Passo 7: "Humildemente pedimos a Deus que remova todos os nossos defeitos de caráter".

Mas, se confessarmos os nossos pecados a Deus, ele cumprirá a sua promessa e fará o que é correto: ele perdoará os nossos pecados e nos limpará de toda maldade (1João 1.9, *Nova Tradução na Linguagem de Hoje*).

Passo 8: "Relacionamos as pessoas a quem prejudicamos e dispomo-nos a fazer reparações a todas elas".

"Como vocês querem que os outros lhes façam, façam também vocês a eles" (Lucas 6.31).

Passo 9: "Fazemos reparações diretas a tais pessoas sempre que possível, exceto quando isso implica prejudicá-las".

"Portanto, se você estiver apresentando sua oferta diante do altar e ali se lembrar de que seu irmão tem algo contra você, deixe sua oferta ali, diante do altar, e vá primeiro reconciliar-se com seu irmão; depois volte e apresente sua oferta" (Mateus 5.23,24).

Passo 10: "Continuamos a fazer o inventário pessoal e, quando estamos errados, nós o admitimos prontamente".

Portanto, tenham cuidado. Se você está pensando: "Eu nunca faria uma coisa dessas", que isso lhe sirva de advertência. Porque você também pode cair em pecado (1Coríntios 10.12, *Bíblia Viva*).

Passo 11: Procuramos, pela oração e meditação, melhorar o nosso contato consciente com Deus, pedindo apenas para conhecimento de sua vontade para a nossa vida e força para realizá-la.

Portanto, tenham cuidado. Se você está pensando: "Eu nunca faria uma coisa dessas", que isso lhe sirva de advertência. Porque você também pode cair em pecado (1Coríntios 10.12, *Bíblia Viva*).

Passo 12: Tendo experimentado um despertar espiritual, graças a estes passos, procuramos transmitir a mesma mensagem a outros e praticar estes princípios em todas as nossas atividades.

QUERIDOS IRMÃOS, se um cristão foi vencido por algum pecado, vocês que são de Deus devem ajudá-lo, com mansidão e humildade, a voltar ao caminho certo, lembrando-se que da próxima vez poderá ser um de vocês a cair no erro (Gálatas 6.1, *Bíblia Viva*).

A oração da serenidade

A oração da serenidade é uma das declarações mais importantes do Celebrando a Recuperação e deve ser memorizada e repetida continuamente. Foi escrita pelo teólogo Reinhold Niebuhr e é utilizada por grupos de apoio em todo o mundo.

Oração da serenidade

Deus, conceda-me a serenidade para aceitar as coisas que não posso mudar, a coragem para mudar as coisas que posso e a sabedoria para saber qual é a diferença. Vivendo um dia de cada vez, apreciando um momento de cada vez, recebendo as dificuldades como um caminho para a paz, aceitando este mundo como ele é, e não como eu gostaria que fosse; confiando que o Senhor fará tudo dar certo se eu me entregar à Sua vontade. Só assim poderei ser feliz nesta vida e supremamente feliz ao Seu lado na eternidade. Amém.

O Celebrando a Recuperação tornou-se um grande movimento em igrejas em todo o mundo — cerca de 17 mil igrejas já implementaram o programa em suas comunidades. Este programa centrado em Cristo tem gerado milhares de testemunhos de pessoas que vivem sua recuperação, um dia de cada vez, ao lado de Cristo, caminhando em vitória e auxiliando outros nesta jornada. O Celebrando a Recuperação tem se expandido na igreja brasileira, e esperamos que cada vez mais comunidades possam fazer uso dessa grande ferramenta de Deus para a restauração de vidas.

Conheça o *website* <www.umdiadecadavez.com> e aproveite os recursos disponíveis.

Capítulo 18

O plano PEACE: missão e compaixão

Quando esteve na terra, Jesus nos orientou a seguirmos seu exemplo. Lemos em João 13.15: "Eu lhes dei o exemplo, para que vocês façam como lhes fiz".

Obviamente, certas coisas pertencem exclusivamente à obra de Jesus na terra: não podemos morrer na cruz, ressuscitar dos mortos ou salvar a humanidade. Contudo, podemos citar ao menos cinco coisas que Jesus fez enquanto esteve na terra e para as quais essas palavras se aplicam.

A primeira delas é que Jesus *pregou a reconciliação*. A palavra "reconciliação" refere-se ao restabelecimento de vínculos em um relacionamento, a fazer as pazes. A reconciliação envolve encontrar a paz com Deus, com os outros, com o nosso próprio coração. Por isso, a primeira tarefa como discípulos de Jesus é sermos pacificadores, não criadores de intrigas.

O mundo já está repleto disso: vemos conflitos entre homens e mulheres, entre os mais abastados e os mais necessitados, entre grupos étnicos, nações e religiões. Em meio a esse mundo de conflito, Jesus é o Príncipe da Paz. Seguindo seu exemplo, devemos promover a reconciliação nas casas, igrejas, empresas e escolas. E tudo começa com nossa própria reconciliação, pois Jesus disse: "'Ame o Senhor, o seu Deus de todo o seu coração, de toda a sua alma e de todo o seu entendimento'. Este é o primeiro e maior mandamento. E o segundo é semelhante a ele: 'Ame o seu próximo como a si mesmo' " (Mateus 22.37-39). Portanto, esteja bem com Deus e com os outros, e seja livre para viver como um promotor da reconciliação.

A segunda coisa que podemos observar no ministério de Jesus é que ele *equipou líderes servos*. Veja, Jesus amava todo o mundo; chegou a alimentar mais de 5 mil pessoas no episódio da multiplicação dos pães. Mas ele treinou apenas 70. E, dentre os 70, discipulou diretamente somente 12, dos quais três foram mentoreados com maior proximidade: Pedro, Tiago e João. Apenas eles foram ao jardim do Getsêmani com o Mestre. Apenas eles estiveram no monte da transfiguração, e apenas eles viram a sogra de Pedro ser curada.

Jesus dedicou maior tempo àqueles que teriam maior responsabilidade. Em Gálatas 2.9, Pedro, Tiago e João são chamados de "colunas" da igreja. Isso significa que a abordagem de Jesus funcionou. As pessoas com as quais ele passou mais tempo foram peças fundamentais para a igreja, hoje composta por bilhões de pessoas. Precisamos preparar líderes da forma que Jesus preparou, ou seja, fazendo discípulos.

A terceira atitude de Jesus que devemos seguir é que ele *assistiu os pobres*. Em seu primeiro sermão, descrito no quarto capítulo do evangelho de Lucas, Jesus deixa bem claro qual é o seu principal objetivo: "O Espírito do Senhor está sobre mim, porque ele me ungiu para pregar boas-novas aos pobres [...]" (Lucas 4.18).

Deus ama os pobres e dedica especial atenção a eles. Existem milhares de versículos na Bíblia que falam sobre ajudar os pobres! Deus até mesmo diz que cuidará de nós à medida que ajudarmos o mais necessitado: "Como é feliz aquele que se interessa pelo pobre! O SENHOR o livra em tempos de adversidade" (Salmos 41.1). A exemplo de Jesus, assistir os pobres deve ser um valor para seus discípulos.

Jesus também dedicou parte significativa de seu ministério para *cuidar dos doentes*. A Bíblia relata que Jesus passava por povoados para pregar, ensinar e curar (Mateus 9.35). Poderíamos então imaginar que cerca de um terço de seu ministério se relacionava ao cuidado com a saúde das pessoas. Ao proporcionar cura, Jesus se preocupava com o corpo, não somente com a alma. Reflexo disso é o fato de que o primeiro hospital em quase todos os países do mundo (bem como a primeira escola) foram construídos por cristãos. Nossa fé inclui a pregação, o ensino e a cura. Cremos na salvação, mas também no cuidado com a saúde e na promoção da educação. Essa é uma das grandes marcas e um dos diferenciais do cristianismo, pois esse foi o exemplo deixado por Jesus.

Por fim, podemos notar que Jesus *educou a próxima geração*. Jesus era um Mestre, e parte significativa de seu ministério se dedicou à formação das pessoas. Jesus também mostrou especial apreço pelas novas gerações, como afirmou em Lucas 18.16: "Mas Jesus chamou a si as crianças e disse: 'Deixem vir a mim as crianças e não as impeçam; pois o Reino de Deus pertence aos que são semelhantes a elas' ". Isso significa que, se você quiser fazer o trabalho do Reino de Deus, precisa importar-se com as crianças, com os jovens e com a próxima geração. Na verdade, todas as atitudes citadas até aqui implicam ajuda e investimento nas próximas gerações.

O Plano PEACE

Todas essas atitudes — pregar a reconciliação, equipar líderes servos, assistir os pobres, cuidar dos doentes e educar a próxima geração — formam o centro do que chamamos Plano PEACE, um acróstico para essas cinco ações.

Mais do que um simples programa, o Plano PEACE constitui um estilo de vida, porque pode ser exercido numa esfera pessoal, local e global. No nível pessoal, o PEACE se revela um ministério às pessoas da sua vida: família, namorado(a), cônjuge, pais, amigos e conhecidos. De forma local, o PEACE se aplica à sua região ou cidade. E de forma global, alcança todo o mundo.

Quando Jesus se preparava para voltar para o céu, disse: "Mas receberão poder quando o Espírito Santo descer sobre vocês, e serão minhas testemunhas em Jerusalém, em toda a Judeia e Samaria, e até os confins da terra" (Atos 1.8).

Note que os horizontes geográficos se expandem: ao citar cita Jerusalém, Jesus se referiu à cidade em que os discípulos viviam. Judeia era referência a uma região mais extensa, como um estado, por exemplo. Ao mencionar Samaria, Jesus falava sobre uma terra de pessoas diferentes dos discípulos, mas que habitavam na mesma área. Talvez tivessem outras línguas, influências étnicas e culturais diferentes. E Jesus ainda os instruiu a ir "até os confins da terra".

Jesus não disse aos discípulos que fossem primeiro a um lugar e depois a outro, mas sim a "Jerusalém *e* Judeia *e* Samaria *e* confins da terra". Devemos alcançar a todos de uma só vez!

Em nossa igreja, começamos há alguns anos a aplicar os princípios do Plano PEACE em nossa vida, cidade, estado, país e pelo mundo. Realizamos viagens missionárias dentro e fora do país, com centenas de membros trabalhando diretamente na obra, sempre de igreja para igreja. Essa é a chave: aplicar o Plano PEACE no contexto das igrejas locais, formando uma rede de igrejas que ensinem umas às outras a implantar o PEACE em suas realidades.

Os cinco gigantes mundiais

Quais são os grandes problemas que o mundo enfrenta hoje? Nas mais diferentes realidades, podemos apontar cinco grandes problemas — verdadeiros gigantes — que assolam bilhões de pessoas em todo o mundo:

- Carência espiritual;
- Líderes autocentrados;
- Pobreza;
- Doença;
- Ignorância e educação deficitária.

Esses são os desafios da igreja contemporânea. O Plano PEACE busca responder eficazmente a cada um desses gigantes. Não existem médicos, professores, missionários e profissionais suficientes no mundo para vencer esses desafios. Mas existe um verdadeiro exército de cristãos nas igrejas esperando para serem mobilizados em prol dessas causas.

As estratégias do Plano PEACE

O Plano PEACE reúne um conjunto de estratégias de igreja para igreja que visa mobilizar pessoas para fazerem diferença no mundo. Juntas, as igrejas podem dar respostas assertivas aos cinco gigantes mundiais, atacando cinco áreas:

- **P** lantar igrejas com propósitos e promover a reconciliação entre as pessoas
- **E** quipar os líderes
- **A** ssistir os pobres
- **C** uidar dos doentes
- **E** ducar para a próxima geração

O Plano PEACE não pode ser definido como uma organização, um programa político, uma denominação ou uma organização religiosa, mas como um movimento que busca direcionar a atuação da igreja local nessas cinco esferas. Assim, a igreja pode oferecer a solução de Deus para que o mundo encontre a paz.

Os pilares do Plano PEACE

O que faz do Plano PEACE algo único são os princípios pelos quais ele se concretiza. São os chamados pilares do Plano PEACE, que norteiam todas as ações realizadas.

Cada um dos sete pilares representa um valor central e inegociável da estratégia do Plano PEACE. Conheça quais são esses pilares por meio do acróstico a seguir:

P ropósitos: o PEACE é uma estratégia dirigida por propósitos, ou seja, construída sobre os cinco propósitos dados por Deus no Grande Mandamento e na Grande Comissão.

I nclui cada discípulo: o PEACE tem por objetivo mobilizar membros comuns de igrejas para fazer tarefas comuns que podem mudar o mundo. Como dissemos, não há médicos, professores, missionários e profissionais suficientes que possam sozinhos combater os grandes gigantes mundiais. No entanto, todos podem participar de forma pessoal, local e global dos projetos PEACE. Por isso, um grande enfoque é fazer de um público um exército; de consumidores, colaboradores; e de expectadores, participantes.

L igado a uma rede de igrejas: o PEACE é uma estratégia vital de igreja para igreja, unindo congregações ao redor do mundo para juntas fazerem a diferença.

A taca os cinco gigantes: o PEACE é uma estratégia abrangente que ataca cinco problemas mundiais; e, já que os problemas acontecem de forma entrelaçada, as estratégias também precisam estar interligadas. ONGs especializadas e governos, por exemplo, ignoram a dimensão espiritual em suas ações, mas as igrejas são chamadas para cuidar dos cinco problemas simultaneamente.

R espeita a igreja local: o PEACE é uma estratégia baseada na igreja local, reconhecendo o potencial das congregações locais como verdadeiras heroínas. Não se concretiza por meio de uma equipe contratada, como nas ONGs, por exemplo. Por isso, tem como valor honrar e valorizar o papel da igreja na comunidade. Cremos que os líderes da igreja local precisam de mais apoio que os de fora. As igrejas locais — devido a localização, motivação, longevidade e credibilidade — são as melhores bases de organização para atacar os cinco gigantes.

E nviados ao mundo todo: o PEACE é uma estratégia que alcança do local ao global. Seu objetivo é, portanto, mobilizar cada igreja em cada nação.

S uprido por pequenos grupos: o PEACE é uma estratégia que envolve a igreja local, por meio de seus PG. Essa dinâmica facilita o envolvimento das pessoas, o apoio mútuo e a responsabilização. Vemos esse exemplo com Jesus, que sempre enviou seus seguidores em equipes.

Uma nova abordagem é necessária

Ainda que o Plano PEACE se diferencie em alguns pontos do modo tradicional de "fazer missões", é uma visão prática, bíblica e eficaz para a realidade mundial contemporânea. Podemos pensar no PEACE como uma estratégia semelhante à de Davi, quando teve de lutar também contra um gigante:

> "E disse a Saul: 'Não consigo andar com isto, pois não estou acostumado'. Então tirou tudo aquilo e em seguida pegou seu cajado, escolheu no riacho cinco pedras lisas, colocou-as na bolsa, isto é, no seu alforje de pastor, e, com sua atiradeira na mão, aproximou-se do filisteu" (1Samuel 17.38-40).

Infelizmente, muitas igrejas, ao tentarem cumprir sua missão no mundo, se sentem como Davi ao vestir a pesada armadura de Saul. Presas a uma estrutura extremamente pesada e inadequada, necessitam de uma abordagem bem mais simples e funcional.

Foi isso o que Davi fez ao se livrar do peso da armadura e ao se armar com um cajado e cinco pedras lisas, colhidas em um riacho. Observe que o cajado é a ferramenta utilizada para guiar as ovelhas, enquanto as pedras servem para defender o rebanho do inimigo. Eram ferramentas simples, mas funcionais.

Hoje, a igreja também é chamada a vencer gigantes. Se ela não tomar a frente e cumprir sua missão, atacando os cinco gigantes mundiais, quem o fará? Como Bill Hybels afirma, "a igreja é a esperança do mundo!".

Colocando o plano em prática

Certas atitudes determinam se a realização do Plano PEACE dará certo ou não. Por isso, cada uma delas deve ser considerada.

É importante que a igreja e seus líderes mantenham o coração aberto. Em 1João 3.17, lemos que: "Se alguém é rico e vê o seu irmão passando necessidade, mas fecha o seu coração para essa pessoa, como pode afirmar que, de fato, ama a Deus?" (*Nova Tradução na Linguagem de Hoje*).

Muitas vezes, começamos com o coração aberto, mas, quando as dificuldades e os obstáculos acontecem, ele se fecha. Será que as notícias ruins deixaram de afetar o seu coração? É preciso lutar contra a indiferença, mantendo um coração aberto e cheio de compaixão. Essa é uma recomendação bíblica: "Somente pediram que nos lembrássemos dos pobres, o que me esforcei por fazer" (Gálatas 2.10).

A segunda atitude imprescindível para colocar o Plano PEACE em ação é nunca olhar as circunstâncias para agir. Não pense demais, não calcule demais os riscos nem os valores necessários. A Bíblia adverte: "Quem fica observando o vento não plantará, e quem fica olhando para as nuvens não colherá" (Eclesiastes 11.4). Por isso, aja em fé, não pautado pelo cenário à sua volta.

Tendo isso em mente, é necessário tomar a simples mas imprescindível decisão de sair da teoria e entrar na prática. Nosso amor não deve ser de palavras ou conversa, mas "mas em ação e em verdade" (1João 3.18).

Fazer algo prático é uma questão de obediência a Jesus, pois ele mesmo ordenou: "Curem os doentes que ali houver e digam-lhes: O Reino de Deus está próximo de vocês" (Lucas 10.9).

A vida cristã é mais do que estudar a Bíblia, cantar cânticos e ir à igreja! A vida cristã é viver o evangelho na prática. Por isso, comece fazendo pouco, mas fazendo algo. Você pode listar, por exemplo, cinco ações, uma para cada área, que você é capaz de realizar.

Em quarto lugar, você precisa servir ao próximo como se estivesse servindo a Deus. A única maneira de servir a Deus é servindo as pessoas! Em Mateus 25.39-40, Jesus nos mostra isso de maneira clara: "'Quando te vimos enfermo ou preso e fomos te visitar?' O Rei responderá: 'Digo-lhes a verdade: O que vocês fizeram a algum dos meus menores irmãos, a mim o fizeram' ". Mantendo o foco nessa visão, podemos avançar.

Por fim, ao colocar o Plano PEACE em prática, é preciso dar todo o crédito a Deus, pois, na verdade, ele mesmo nos chamou e capacitou para isso: "Não que possamos reivindicar qualquer coisa com base em nossos próprios méritos, mas a nossa capacidade vem de Deus" (1Coríntios 3.5).

Ao realizar as estratégias do Plano PEACE e tratar dos cinco problemas mundiais, a igreja não está simplesmente seguindo um conselho, mas obedecendo a uma ordem de Jesus. Ele nos deu autoridade para isso (Mateus 10.1) e garantiu sua presença junto a nós (Mateus 28.20) para agirmos no mundo físico e espiritual.

Novas ondas

Não tenho dúvidas de que Deus tem trabalhado de forma grandiosa em todo o mundo. E a pergunta que podemos fazer a nós mesmos é: "Como posso estar pronto para fazer parte dessa grande obra?".

Lembre-se de que não é você quem cria as oportunidades. Não podemos criar as ondas do mover de Deus, pois só ele é capaz de fazê-lo. Como o pastor Rick Warren sempre afirma, tudo o que podemos fazer é surfar nas ondas de Deus. Se você já surfou alguma vez na vida, sabe que, embora pareça muito fácil, exige tremendo equilíbrio e concentração.

As ondas são criadas sucessivamente. E saiba que Deus, o Criador, é um grande inovador. Gosta de fazer coisas novas a cada manhã. É justamente por isso que o que Deus faz perdura, pois o que ele faz se renova. Ele é um Deus de novidade.

Por outro lado, o que o homem faz é de curto uso e de curta duração. Como 1Coríntios 7.31 descreve: "[...] porque a forma presente deste mundo está passando". Coisas materiais ficam velhas, mas o que Deus faz é sempre novo.

Os sinais do novo agir de Deus estão acontecendo. A igreja, de modo geral, cresce com muita intensidade abaixo da linha do Equador. As ICP, por sua vez, estão atravessando barreiras denominacionais, presentes hoje em cerca de 200 denominações e 50 países. Deus está revitalizando a igreja local no mundo. Enquanto denominações que se fundamentam em estruturas, sistemas e lógicas estão enfraquecendo, igrejas que se baseiam em vidas, ministérios, sonhos e estratégias crescem cada vez mais. Podemos ver o movimento de formação de uma rede mundial entre igrejas que compartilham da mesma visão do Grande Mandamento da Grande Comissão.

O poder da rede

Hoje, as maiores forças no mundo funcionam em rede, e por isso crescem e sobrevivem. Todos nós vivemos interconectados na Rede Mundial (*World Wide Web*).

Essa é a tônica da atualidade e verdade, inclusive, para as forças que contribuem de forma negativa na humanidade, como as redes terroristas e o crime organizado. Essas formações não trabalham em torno de um líder centralizado, mas em células vivas espalhadas por todo o planeta. Uma rede tem realmente grande poder — e Deus deseja que a igreja faça uso desse poder.

Na história da Igreja, podemos identificar avivamentos que aconteceram de formas mais localizada. No entanto, observamos hoje um movimento de avivamento espiritual que assumirá uma forma muito mais globalizada, algo tão profundo como uma verdadeira segunda reforma.

Deus deseja fazer essa reforma por meio de pessoas e igrejas comuns. Com a concepção de que todos somos ministros e missionários, a multiplicação de igrejas em número e em saúde será viabilizada, erradicando os cinco gigantes globais.

Pense nisto: Deus deu a imprensa para imprimir a Bíblia há quase seiscentos anos. Poucos tempo depois, ocorreu a primeira reforma da igreja, na qual aquela tecnologia teve papel fundamental. Assim também deve acontecer com todas as possibilidades tecnológicas que nos permitem nos comunicar de novas maneiras. Você acha que Deus deu inteligência ao homem apenas para vender coisas, espalhar terrorismo ou acessar pornografia pela internet? Está na hora de pessoas de bem fazerem uso das redes. Deus deu a internet para evangelizarmos o mundo e nos unirmos em uma rede mundial de igrejas saudáveis dirigidas por propósitos.

Davis de sua geração

Deus está agindo em todo o mundo e deseja que você e a sua igreja façam parte disso. Ele está preparando você para algo grande e novo. Como lemos em Mateus 9.36-38:

> Ao ver as multidões, teve compaixão delas, porque estavam aflitas e desamparadas, como ovelhas sem pastor. Então disse aos seus discípulos: "A colheita é grande, mas os trabalhadores são poucos. Peçam, pois, ao Senhor da colheita que envie trabalhadores para a sua colheita".

Deus deseja que seus filhos perdidos sejam encontrados. Deseja que a igreja cumpra seu papel em todo o mundo. Por isso, é hora de parar de se prender a debates e partir para a ação. A questão hoje não é mais o que dizemos sobre o que cremos, mas sim o que fazemos com o que cremos! O que você fará a respeito disso?

A meta mundial do Plano PEACE é definida na proporção de seu desafio: 100 milhões de PG envolvidos, para alcançar 1 bilhão de pessoas em todo o planeta.

A fim de colocar esse plano em prática, precisamos de pessoas como Davi, que com fé enfrentou o gigante e venceu, para a glória de Deus. Precisamos de mais "Davis", com seus estilingues e suas pedras, prontos para lutar e cumprir o propósito de Deus: "Tendo, pois, Davi servido ao propósito de Deus em sua geração [...]" (Atos 13.36).

O Brasil é um país de proporções continentais e seus desafios são imensos. Certamente há muito a ser feito, e os próximos capítulos da história continuarão a ser escritos por Deus. Ele deseja usar sua vida, seu ministério e a sua igreja para fazer algo ainda maior. Agora, inclusive com o Plano PEACE, certamente os melhores anos ainda estão por vir.

Deus está "movendo as águas" no Brasil por meio de ICP. Você nunca edificará uma igreja saudável ignorando a importância da prática da compaixão, da misericórdia, da justiça e do amor. Sua igreja precisa ser uma embaixada para os pobres e uma sede de graça para o mundo.

Você tem espaço nesta história! Tenho certeza de que este movimento faz parte de um grande avivamento que Deus está trazendo à terra novamente.

Capítulo 19

Plantação de novas igrejas: expandindo o movimento

É preciso plantar novas igrejas em todos os lugares, pois todos os tipos de igrejas se fazem necessários para alcançar todos os tipos de pessoas. Como plantar uma igreja saudável e equilibrada dirigida pelos propósitos bíblicos?

Não vamos abordar aqui a estratégia final da plantação de uma igreja; os detalhes devem ser elaborados por cada realidade local. Não avaliaremos, por exemplo, se a igreja será autônoma ou afiliada a uma sede, se será uma extensão de uma igreja existente ou uma igreja independente. O foco aqui é esclarecer a importância e necessidade geral da plantação de novas igrejas para nossa nação.

Plantar uma igreja significa começar uma nova comunidade de fé. Não é construir um edifício em que pessoas se encontram. A igreja é um grupo de pessoas chamadas por Deus para se congregarem com a finalidade de cumprir os propósitos dele na terra.

Quando tratamos desse assunto, diversas ideias, ou verdadeiros paradigmas, vêm à mente das pessoas, e várias dessas concepções são bastante negativas. A verdade é que existem muitos mal-entendidos sobre os meios atuais para plantar igrejas.

Todos nós temos paradigmas que influenciam nossa percepção da realidade. Mesmo grandes líderes cristãos algumas vezes se confundem em suas estratégias por causa de tais paradigmas. Certas tradições podem impedir as pessoas de enxergar a verdade (cf. Mateus 15.1-14).

Por isso, o primeiro passo de um líder que deseja trabalhar nessa frente é estar disposto a mudar paradigmas ineficazes ou defeituosos, cultivando uma mente aberta. Como você pode fazer isso?

1. Inicie o processo completamente (Romanos 12.1,2).
2. Peça para o Espírito Santo dirigir você.
3. Medite profundamente nas Escrituras.
4. Converse com pessoas de lugares diferentes.
5. Examine bem os casos eficazes.
6. Encare a dura realidade de seus erros.
7. Aprenda as particularidades dos novos paradigmas.

Características da plantação de igrejas dirigidas por propósitos bíblicos

1. Os cinco propósitos bíblicos da igreja devem ser perseguidos incansavelmente

Em uma ICP, todos os elementos são guiados e direcionados pelos propósitos de Deus. Estratégia, estrutura, programa, recrutamento de equipe, pregação, PG, agenda, orçamento, construção e avaliação devem todos refletir os cinco propósitos.

2. Desde o início, a prioridade é alcançar os sem-igreja

É importante dar prioridade aos sem-igreja, pois esse foi o exemplo do próprio Cristo. Jesus veio para servir àqueles que necessitavam ser libertos. Isso foi feito de forma suprema na cruz, e também está evidente ao longo de todo o seu ministério.

Essa é a missão de Cristo hoje. Ele veio para buscar e salvar o perdido (Lucas 19.10). Foi sua missão quando esteve na terra em seu corpo físico e é a mesma hoje por meio de seu corpo espiritual, a igreja.

Da mesma forma, esse foi também o exemplo de Paulo. Nitidamente, ele se considerava servo daqueles que precisavam ser ganhos para Cristo, e nos instruiu a sermos seus imitadores.

3. **As ICP são por natureza adaptáveis a qualquer realidade**

Rick Warren diz: "Não importa se o seu estilo de adoração é tradicional, contemporâneo, rural, litúrgico, carismático, ou casual. O que importa é que o seu estilo se identifique com as pessoas que você está buscando alcançar [...]. Existem vários tipos de igrejas dirigidas por propósitos, de idiomas, e até mesmo de vaqueiros, solteiros ou surfistas".

4. **As ICP desenvolvem sistemas que levam pessoas a níveis de comprometimento cada vez mais profundos para viver os propósitos de Deus**

Esses sistemas criam "minipassos" que levam os membros a um ministério e a cumprir sua missão de vida, uma etapa por vez.

5. *Lance a igreja com um grande impacto em vez de iniciá-la pequena e crescendo pouco a pouco*

6. *As ICP criam uma atmosfera de graça e verdade, na qual os que a buscam podem amadurecer para a colheita*

7. *As ICP dão ênfase à saúde da igreja e à mudança de vida por meio da genuína comunhão bíblica*

8. *As ICP proporcionam ensinos bíblicos que tanto salvos quanto não salvos valorizarão*

9. *As ICP desenvolvem a multiplicação em cada nível do ministério*

10. *As ICP possuem líderes que conduzem como Jesus conduziu, ou seja, pelo exemplo*

Por que os líderes resistem a plantar novas igrejas?

Ao lidar com o desafio de plantar uma nova igreja, alguns pastores revelam certa resistência. Temem perder seus membros para a nova igreja ou dispor de menos pessoas para alcançar sua própria realidade. Temem, ainda, que a nova igreja possa sair-se melhor do que a atual.

Algumas denominações acreditam que, se criarem pequenas igrejas com baixo potencial de autossustento, terão de cuidar delas por anos a fio, o que acaba sendo um grande desestímulo. Infelizmente, igrejas que se esforçam por sobreviver financeiramente frequentemente viram as costas para ajudar novas igrejas.

Por que plantar igrejas?

A plantação de igrejas é uma recomendação bíblica expressa na Grande Comissão (Mateus 28.19,20) e em todo o Novo Testamento. É também o meio mais eficaz de multiplicação. O dr. Peter C. Wagner aponta que "pesquisas nas últimas duas ou três décadas têm mostrado substancialmente que a metodologia evangelística mais eficaz abaixo do céu é plantar novas igrejas".

Plantar igrejas tem grande eficácia para o evangelismo, pois é uma dinâmica espiritual. Novas igrejas são naturalmente sistemas mais abertos se comparadas a igrejas já estabelecidas. Além disso, novas igrejas podem concentrar-se mais no propósito de missões.

A plantação de igrejas conduz ao desenvolvimento de novas formas de alcance. Ainda há muitos grupos culturais a serem alcançados no Brasil e no mundo. Cada geração desenvolve novas subculturas, e o ritmo da mudança cultural é cada vez mais rápido.

Plantar igrejas é uma grande oportunidade para o surgimento e desenvolvimento de novos líderes contextualizados a esses grupos.

A plantação de igrejas tem enorme potencial de impacto. A estratégia de iniciar com maior impacto, com igrejas com mais de 150 pessoas, apresenta diversas vantagens. Muitas pessoas simplesmente preferem igrejas maiores, pois somos um povo festeiro e que gosta de se relacionar. Além disso, nas cidades as pessoas têm muitas escolhas. Igrejas maiores desenvolvem ministérios que tenham o alvo de atrair uma diversidade maior de indivíduos.

Muitas pessoas procuram amizades positivas para seus filhos menores e adolescentes, o que acontece também em igrejas com mais famílias.

Igrejas maiores podem gerar receita suficiente para contratar pastores de tempo integral e/ou ajudar financeiramente novas igrejas. Também, há um sentido de impacto e maior consciência de comunidade em igrejas maiores. Por fim, é mais difícil para as pessoas em uma pequena igreja desejarem multiplicar-se.

Cinco estágios de plantação de uma igreja

Visualizar os estágios sequenciais de uma plantação de igreja ajudará você a traçar a sua estratégia e depois executar o seu plano.

O primeiro estágio da aventura da plantação é o *estágio de preparação*. Nele você confirma seu chamado, equipa-se para sua tarefa, traça sua estratégia, prepara sua família e assegura o apoio saudável de sócios-plantadores (um grupo-base). Durante o estágio de preparação, o plantador precisa tomar várias decisões cruciais. Decisões erradas podem limitar a capacidade de dar frutos por anos a fio.

A verdadeira chave do sucesso da plantação de igrejas não está em algum novo modelo ou método secreto, mas em líderes que queiram segui-lo. Muitos falham com o melhor dos métodos, porém o líder é o fator decisivo.

O segundo estágio é o *estágio de pré-lançamento*, no qual você ganha, ensina, equipa e conduz o grupo-base a ajudá-lo a lançar a igreja.

O terceiro estágio é o *estágio de lançamento*, durante o qual a nova igreja será lançada publicamente. Esta abordagem para plantação de igrejas recomenda um lançamento grande e impactante.

Uma vez que a igreja tenha sido lançada com sucesso, o *estágio multidão-para-núcleo* se inicia. Nele, você instala processos de discipulado por meio dos círculos concêntricos.

O estágio final de plantação de igrejas é o *estágio de multiplicação*. Aqui, a nova igreja se reproduz por si só, ajudando a plantar uma nova igreja rapidamente.

Confirmando seu chamado

Podemos apontar seis formas pelas quais você pode identificar se foi chamado a plantar uma igreja e dispõe hoje de condições favoráveis para isso.

1. **Você deve discernir se você foi preparado para plantar**

   É preciso buscar treinamento específico, aprendizado teórico e prático.

2. **Você deve discernir como usar melhor seu perfil para plantar**

   Reflita em qual fase você se adapta melhor no ciclo de vida da organização (Tito 1.5).

   O diagrama a seguir pode esclarecer melhor as possibilidades: Você é um iniciador, um organizador ou um operador?

	Iniciador	Organizador	Operador
Breve descrição	Nada para alguma coisa	Alguma coisa para organizar	Mantém as coisas em ordem
Pontos positivos	+ Iniciador por si próprio + Muitas ideias, inovador + Antevê o futuro + Colhe os recursos	+ Gosta de criar ordem + Facilmente vê os sistemas + Bom solucionador de problemas	+ Faz as coisas fluírem suavemente + Paciente com problemas + Aumenta a eficiência
Pontos negativos	– Dificuldades para finalizar – Dificuldade para manter-se organizado – Incansável – Independente	– Incansável, uma vez que organizado – Hábil para organizar e romper sistemas	– Pode lidar mal com crises – Não consegue mudar paradigmas rapidamente – Pode não ter apreço pelos iniciadores

Outro aspecto importante para quem deseja plantar uma igreja é entender o que a Bíblia chama de "dom do apostolado". A Bíblia fala no chamado "dom do apostolado" (1Coríntios 12.28,29; Efésios 4.11,12; Romanos 1.5). Originalmente, o termo designava o enviado para uma missão ou o portador de uma mensagem. Foi usado na literatura secular para designar alguém enviado de um reino a outro para explorar, conquistar e possuir um novo território. O dom espiritual do apostolado é dado para capacitar um líder a começar e desenvolver novas igrejas ou ministérios.

O "ofício" do apóstolo, como dos doze apóstolos originais, não existe mais, porém a "função" de apóstolo continua ainda hoje. Por exemplo, Barnabé e Paulo, que não fizeram parte dos doze, foram chamados apóstolos (Atos 14.4-14). Paulo também se refere a Andrônico e Junia como apóstolos (Romanos 16.7).

Assim se caracterizam os "apóstolos":

- São pioneiros e estabelecem novas igrejas ou ministérios (1Coríntios 3.6-10).
- São culturalmente sensíveis e capazes de se adaptar a vizinhanças diferentes (1Coríntios 9.19-23).
- Desejam alcançar aqueles que não ouviram o evangelho (Romanos 15.20-23).

É comum que aqueles que, como Paulo, possuem o dom do apostolado sejam:

- Empreendedores
- Conduzidos pela causa
- Adaptáveis
- Aventureiros
- Tenazes, obstinados
- Firmes, orientados por tarefas
- Fortes e diretivos
- Talentosos para iniciar mais do que podem terminar
- Propensos a que iniciam precise ser arrumado exteriormente

3. *Você deve discernir quando está preparado para plantar*

Avalie se você está preparado pessoalmente, diante de sua família, como líder de grupo e perante sua igreja para esse grande desafio.

Além de sua situação circunstancial, você pode analisar algumas das qualidades básicas para iniciar esse trabalho de forma promissora. Se estiver frágil em algum desses pontos, busque desenvolvê-los:

- Mostrar hospitalidade
- Ter capacidade de ensinar
- Não ter amor pelo dinheiro
- Não ser um novo convertido
- Ter uma boa reputação com as pessoas de fora
- Ser encorajador

4. *Você deve discernir para onde Deus está o chamando*

Onde estão as maiores necessidades? As cidades, por exemplo, especialmente os grandes conglomerados urbanos, apresentam necessidades enormes. O mundo está mudando para as cidades, incluindo jovens de todas as partes, imigrantes e pessoas das mais diversas religiões. Os grandes direcionamentos vêm das cidades e, ao mesmo tempo, existem ali diversas áreas e grupos negligenciados.

Outra questão importante é: Onde há maior receptividade? A abertura ao evangelho é fruto do rápido crescimento populacional, da rápida mudança social e de momentos de crise pessoal. Leve esses fatores em consideração.

Avalie onde você se adapta melhor culturalmente. Isso é importante, a menos que você tenha um dom transcultural. Onde você se sente mais confortável para se relacionar com pessoas? Que outras igrejas existem nesta área? Elas estão obtendo êxito em alcançar seus objetivos? Como estão fazendo isso? Você já fez uma viagem investigativa?

5. *Você deve definir o estilo de vida da igreja que você desenvolverá*

A partir dos cinco propósitos de Deus, defina segundo a realidade local o estilo de igreja a ser implementada.

O que precisa ser contextualizado? Como serão os cultos dominicais? Quais serão voltados aos sem-igreja? Quais serão os mecanismos do discipulado? Qual será o estilo da adoração?

6. **Você deve discernir a estratégia de plantação que você adotará**

Uma orientação geral e importante é iniciar a nova igreja sem comprar propriedades e edifícios num primeiro momento. As razões para isso são diversas:

1. Essa estratégia tem alto custo.
2. Pessoas sem-igreja da região podem sentir-se receosas de entrar num templo evangélico, estando mais propensas a participar de um PG, por exemplo.
3. A igreja pode perder o foco nas prioridades de evangelismo.
4. A igreja pode levar novas igrejas a um estresse por terem de ofertar mais.
5. Constrói-se geralmente um edifício de tamanho equivocado.
6. Alugar provê mais flexibilidade.
7. Alugar aumenta o nível de entrada advindo dos cultos.
8. Alugar mantém a igreja dependente de Deus.

Respeitando as peculiaridades locais

É importante que cada igreja conserve sua firmeza doutrinária, e naturalmente isso não é algo que depende dos princípios de uma ICP, pois existe um valor maior que é o respeito a cada realidade e contexto local.

Cada igreja é única, e o movimento deve respeitar todas as questões relacionadas a doutrina, teologia, denominação, finanças e estruturas eclesiásticas.

Cada pastor deve avaliar o que precisa ou não ser mudado ou ajustado. Mudar é preciso, todavia cada um avalia o que e quando mudar. As realidades de igrejas denominacionais e comunitárias autônomas são muito distintas, quanto mais das igrejas históricas, pentecostais e neopentecostais. Cada uma deve avaliar sua realidade local e ter bem claros todos os seus sistemas e valores.

Capítulo 20

A igreja se redesenha: fazemos parte dessa transformação!

Uma igreja vive em movimento! Como afirma Erwin McManus: "Se você não estiver disposto a mudar, também não estará disposto a se aventurar rumo ao lugar no qual os sonhos poderão transformar-se em realidades".[1]

Como uma igreja pode ser nova a cada dia? Como uma igreja antiga se renova, continuando a atingir várias gerações e não se esgotando nunca? Ela precisa estar em constante movimento! Sua membresia não pode ter medo de sair da zona de conforto e deslocar-se em direção aos desafios e apontamentos espirituais. Uma igreja viva não pode estar arraigada ao passado, da mesma forma que não pode temer o futuro, porque como Erwin McManus afirmou: "O medo do futuro provoca cegueira no presente".[2]

Uma igreja que vive focando o passado ou anda com medo do futuro paralisa e se fossiliza com essas atitudes, que são limitadoras. Em especial, a atitude equivocada quanto ao passado e ao futuro adoece o presente, porque limita a criatividade, inibe o novo, atrofia a visão e impede a renovação para o futuro.

A Bíblia afirma que Deus faz novas coisas: "[....] eis que surgiram coisas novas" (2Coríntios 5.17) "Estou fazendo novas todas as coisas!" (Apocalipse 21.5). Diante dessa realidade, precisamos olhar para além de nós mesmos e nos unir a ele para cantarmos um cântico novo a cada dia! Como dissemos, a igreja é um movimento, não um monumento.

---

[1] McManus, Erwin. Uma força em movimento. São Paulo: Garimpo Editorial, 2009.
[2] Idem.

A cada manhã Deus prepara pães frescos para colocar na mesa do seu povo, e somos apenas o canal para celebrações, retiros, campanhas, publicações, livros, testemunhos e dezenas de outros instrumentos. Creio que precisamos ser gratos a Deus pela nossa história, viver sabiamente o presente e, com grande expectativa e fé, sonhar o futuro. Uma igreja se renova no próprio Deus e em seus feitos entre nós; ele dirige a história e governa tudo com grande sabedoria. Viver sob essa expectativa é viver no compasso divino!

Nesse sentido, o Espírito tem ministrado ao meu coração que nossa igreja vive esse apontamento divino em franca expansão, crescimento e transformação. A forma maravilhosa como tudo tem acontecido nos leva a seguir a jornada confiantes de que o melhor de Deus ainda está por vir. Vivamos em unidade, santidade e ousadia, conduzindo mais vidas a Jesus!

A despeito de todas as lutas, limitações, adversidades, é motivador ver tudo isso acontecendo! A cada dia há uma onda nova, um vento fresco de Deus sobre a nossa comunidade! Na sua comunidade, uma igreja viva e em movimento, não deve existir rotina e falta de visão. Vivemos sob a direção e a novidade do Espírito Santo a cada dia, porque:

> Àquele que é capaz de fazer infinitamente mais do que tudo o que pedimos ou pensamos, de acordo com o seu poder que atua em nós, a ele seja a glória na igreja e em Cristo Jesus, por todas as gerações, para todo o sempre! (Efésios 3.20,21).

Vamos olhar para frente é dar as boas-vindas ao novo de Deus sobre nossas igrejas, permanecendo momento a momento em Cristo, pregando o evangelho, celebrando nossa recuperação em Cristo e naturalmente vivendo e frutificando os eternos propósitos de Deus dentro e fora da igreja!

O pastor norte-americano Eric Bryant, da Gateway Church, no Texas, periodicamente se encontra com alguns pastores da região para discutir ideias e ações a fim de melhor servir a sua região. Como fruto desses encontros, escreveu um artigo muito oportuno, cujos princípios desejo compartilhar aqui. Realmente estou convencido de que as barreiras apresentadas por ele ainda existem dentro das igrejas evangélicas e acredito que elas precisam cair para que o evangelho avance em nosso país.

As muralhas apresentadas nos colocam uns contra os outros, mantêm distantes vizinhos, irmãos e igrejas, e impedem igrejas de trabalharem em conjunto e de servirem a sua cidade. Nós todos encaramos muralhas. Todos já ficamos presos, encurralados ou paralisados, mas não precisamos permanecer assim.

Existe uma divisão real entre a igreja e a comunidade. A porta da igreja é mais do que apenas uma barreira física; é uma linha de demarcação entre duas culturas bem distintas! Há alguns aspectos positivos nisso, todavia alguns pontos negativos precisam ser mudados! Temos diferentes abordagens quanto a verdade bíblica, valores e maneiras de nos relacionar. Mas Jesus nunca institucionalizou uma religião, gerando uma burocracia ou fundando um clube exclusivo com apertos de mão secretos e palavras de efeito distantes da realidade do mundo! Pelo contrário, Jesus foi até as pessoas.

Em Mateus 23, Jesus orienta os discípulos a terem o cuidado de não construírem uma religião, o que também pode ser entendido como construção de muralhas. Precisamos ser construtores de pontes!

Existem três muralhas diferentes entre a igreja e a comunidade. São três tipos de paredes que, como líderes, precisamos derrubar:

1. O muro das coisas estranhas. Paulo escreve em 1Coríntios 1.18: "Pois a mensagem da cruz é loucura para os que estão perecendo, mas para nós, que estamos sendo salvos, é o poder de Deus". Existem práticas que acreditamos fazerem todo o sentido para as pessoas de fora, mas da perspectiva delas, são estranhas e quase anormais. Para alcançar os sem-Jesus, precisamos considerar a cosmovisão deles. Pense: contamos histórias de homens sendo engolidos por peixes gigantes, de um mar que se abre, de alguém entra no fogo com leões e não morre, de nascimento virginal e de Jesus crucificado de uma forma que perdoa pecados. Isso sem mencionar os costumes e as coisas que acontecem dentro das igrejas e denominações e não constam da Bíblia. Tudo isso pode parecer muito estranho a alguém sem-igreja!

Levi, também chamado Mateus, um dos discípulos de Jesus, descobriu uma forma simples de contornar o muro das coisas estranhas. Deu uma festa para seus amigos que não estavam seguindo Jesus. Na verdade, a reputação de Jesus foi manchada por participar dessa festa com tantos conhecidos como os piores pecadores na sociedade (Lucas 5). Podemos assegurar que nós não discriminaríamos um ato como esse, e que todas as pessoas na nossa esfera de influência são sempre bem-vindas?

Para quebrar essa barreira, é preciso criar redes relacionais, redes de contatos e de relacionamento que removam os muros erguidos entre nós e a nossa comunidade. Reúna-se em eventos sociais, oportunidades de aprendizagem e equipes para atender às necessidades espirituais e físicas na sua vizinhança imediata. Grupos de tamanho médio são os lugares mais naturais para se conectar com as pessoas. São famílias espirituais. Essas redes podem ajudá-lo a fazer o que você realmente quer fazer: remover a estranheza que a igreja causa em você e nos seus amigos.

2. O muro da hipocrisia. Na antiga sociedade grega, hipócritas eram atores. Em vez de contar um grande elenco para realizar um jogo, havia apenas poucos atores, mas eles alternavam várias máscaras, a fim de desempenhar diferentes papéis. Um hipócrita é alguém que usa uma máscara: prega uma coisa, mas faz outra. A hipocrisia da igreja incomoda os que estão do lado de fora dos muros.

Nós representamos Jesus àqueles que estão perto de nós. Em Mateus 5.14-16, Jesus diz: "Vocês são a luz do mundo. [...] Assim brilhe a luz de vocês diante dos homens, para que vejam as suas boas-obras e glorifiquem ao Pai de vocês, que está nos céus".

O Celebrando a Recuperação tem nos ajudado a viver sem máscaras, um dia de cada vez, mortificando a carne e derrotando a religiosidade. Queremos ser uma igreja que entende não ser um lugar para pessoas certinhas e perfeitas, mas de pessoas em recuperação.

3. O muro da indiferença. Quanto mais ignoramos as reais necessidades à nossa frente, maior o muro que se erguerá entre nós. Tiago 4.17 nos lembra: "Quem sabe que deve fazer o bem e não o faz, comete pecado".

Quando você tem um forte sentimento sobre a coisa certa a fazer, mas deixa para que outra pessoa a realize, você viola a sua consciência e o seu chamado. A dor das outras pessoas é problema nosso!

Em Mateus 10.5-8, Jesus diz algo como "Deus interveio em sua vida quebrada, agora é hora de você se envolver com o quebrantamento dos outros". Em nossas famílias, nos PG e nas redes de ministérios, podemos fazer a diferença na vida dos outros muito além do que poderíamos fazer por nossa própria conta.

Há paredes reais entre a igreja e a comunidade. Não as notamos porque estamos acostumados a estar do lado de dentro. Nós nos esquecemos de como é do outro lado dessa janela. Derrube o muro da estranheza. Destrua a muralha da hipocrisia. Rompa com a barreira da indiferença!

Não existe igreja grande ou pequena; o que existe é uma visão grande ou uma visão pequena, uma igreja saudável ou uma igreja doente. Que você esteja comprometido com uma grande visão, baseada no grande Deus que nos deu o Grande Mandamento e a Grande Comissão! Assim sua igreja crescerá de forma saudável, construindo pontes e rompendo barreiras.

Conclusão

É preciso oferecer uma conclusão, ou pelo menos dar uma pausa, na narração deste movimento de Deus no Brasil por meio das ICP.

Creio que todos os assuntos abordados neste livro gravitaram em torno de uma questão principal: a visão da igreja e como ela se posiciona para cumprir os propósitos divinos na terra.

Muitos líderes, ao conhecer e se envolver com o movimento Propósitos em suas comunidades, de uma forma ou de outra lidam com o desafio de ampliar sua visão de uma igreja que passa de expectadora a promotora de mudanças, tornando-se um agente relevante em sua cultura.

Um conceito-chave para o enfrentamento desse grande desafio é entender que é a visão da igreja, dada por Deus, que definirá quem de fato se envolverá, se engajará e se comprometerá com a igreja. A visão e os valores da igreja definem como ela se posiciona em sua realidade e quem serão as pessoas que formarão sua membresia.

Gosto de dizer que nossa igreja, a Igreja da Cidade, é para *todas* as pessoas, e quem se sente melhor aqui são os seres imperfeitos. Contudo, somos uma igreja de fortes convicções e não negociamos questões fundamentais com relação a visão, missão, valores e propósitos. Como consequência, esse conjunto de valores define claramente quem tem permanecido conosco ao longo dos anos.

Por que algumas pessoas não permanecem na ICP

Alguns perfis de pessoas não permanecerão no seio de uma igreja que decide ser dirigida por propósitos. Podemos elencar alguns deles.

Pessoas que não gostam de ser individualmente dirigidas por propósitos não se identificam com uma igreja que os pratica. Como igreja, entendemos que não basta conhecer os propósitos bíblicos de adoração, comunhão, discipulado, ministério e missões. Eles precisam ser a força motriz da nossa vida, do nosso ministério e da nossa igreja.

Estamos aqui na terra não apenas para entender, mas para praticar esse sentido de vida ensinado por Jesus no Grande Mandamento (Mateus 22.34-40) e na Grande Comissão (Mateus 28.19,20).

Pessoas que não gostam de se envolver em ministérios também não se identificam com uma ICP. Um membro que se contenta em apenas frequentar os cultos, sem nunca servir ou se comprometer a avançar, dificilmente se sentirá confortável em uma ICP, pois será constantemente desafiado a viver seu ministério dentro e fora da igreja, participando, orando e contribuindo para que o ministério aconteça de forma natural e orgânica.

Outro grupo que decide não prosseguir em uma ICP é o de pessoas muito conservadoras, que se apegam a liturgias tradicionais, algo observado especialmente em indivíduos oriundos de outras igrejas com esse pano de fundo. Muito comumente, essas pessoas vêm de igrejas que não aceitam processos de mudanças, mas conseguem subsistir ao longo do tempo. Por outro lado, uma ICP entende que o mundo mudou e que nós mudamos com ele; apenas a Palavra não muda.

No outro extremo, pessoas extremamente liberais também não se identificam com uma ICP. Como desejam viver uma vida dupla, por assim dizer, convivendo de forma natural com o pecado, também não permanecem, pois serão confrontadas a todo instante a abandonar essas práticas.

Pessoas que não gostam de pequenos grupos dificilmente continuam em uma ICP. Para nós, o PG é o coração da igreja, em que acontece a verdadeira vida comunitária. Hoje, em nossa igreja, somos mais de 360 PG, abrigando quase 3 mil pessoas, e esse número não para de crescer a cada estação. Assim, quem não gosta de uma igreja pastoreada por uma rede de pequenos rebanhos, dificilmente permanecerá.

Em uma ICP, pessoas que exigem atenção excessiva do pastor sênior também têm dificuldade em persistir. O pastor sênior ama a todos, pastoreia a todos e ora por todos, contudo é apenas um ser humano com uma

Conclusão

agenda carregada. À medida que a igreja cresce em número, torna-se cada vez mais difícil dar atenção exclusiva a todos ou comparecer a todos os eventos, como visitas ou casamentos. Torna-se inviável atender a todas as expectativas. A pessoa que deseja receber do pastor sênior o mesmo tipo de atenção recebia quando essa tinha uma pouca centena de membros certamente se frustrará.

Pessoas que não gostam de evangelismo contextualizado têm problemas com ICP. Uma igreja segundo os propósitos de Deus entende que, para ganhar todos os tipos de pessoas, é preciso pescar com múltiplos anzóis, indo até onde o povo está: seja no carnaval, nas ruas, nas zonas prostituição, nos esportes de elite ou na roda de capoeira. Vamos resgatar todos, fazendo uma redenção também cultural.

Pessoas que não gostam de igrejas grandes podem decepcionar-se com o rápido crescimento. A nossa comunidade cresce em média 20% ao ano e, pela graça de Deus e com o desenvolvimento da cidade, continuará crescendo. Quando uma pessoa quer que a igreja permaneça com o mesmo número de membros, de forma que ela se sinta confortável e de certa forma no controle, essa pessoa não permanecerá. Como disse, "Ou a igreja cresce, ou o pastor a controla". Eu já fiz a minha opção: quem controla minha igreja é o Senhor do rebanho; eu sou apenas o pastor.

Pessoas que não gostam de igrejas com alto desempenho e velocidade não se identificam com as ICP. A igreja deve correr — correr para ganhar vidas, socorrer pessoas, abrir e desenvolver novos ministérios. Não corremos para nós mesmos, mas para anunciar o evangelho e acelerar a volta de Jesus.

Pessoas que não gostam do estilo do Celebrando a Recuperação não permanecem em uma ICP. O Celebrando a Recuperação não é apenas um encontro semanal, faz parte do DNA da ICP. Parte do pressuposto de que todos estão em processo de recuperação, a começar dos pastores e da liderança.

Pessoas que não gostam de missões como estilo de vida são outro grupo a mencionar. Reconhecemos a importância do missionário de carreira, pois o evangelho chegou até nós por causa do trabalho de muitos deles. Todavia, não podemos seguir nessa direção que se limita a eles. Precisamos que todos entendam que somos missionários no mundo, pois se o chamado é para vida: todos somos chamados a adotar missões como estilo de vida.

Outro grupo que pode ter problemas com as ICP são pessoas que não gostam de eventos. Longe de serem um fim na vida da igreja, os eventos são meios para alcançarmos os fins, sejam eles eventos-ponte, ou de treinamento e edificação de vidas.

Pessoas que não gostam de serem disciplinadas não permanecem em uma ICP. Na verdade, com exceção dos que precisaram mudar de cidade e de outras poucas exceções, a grande maioria das pessoas que saem da igreja se encontra nesse grupo. Partem insatisfeitos porque foram disciplinados, contrariados em seu gosto, desejo ou expectativa pessoal, ou porque, em vez de buscarem tratamento e ajuda, preferiram culpar os outros e sair sob murmuração, rebeldia, fofoca e maledicência. Optaram por esse caminho em vez de admitir que precisam de cura e tratamento pessoal. Muitos preferem mudar de igreja a mudar de atitude.

Como líderes, acredito que não devemos ficar preocupados quando pessoas nos deixam por causa das nossas convicções; o problema é se elas nos seguem por causa da falta de posicionamentos claros. Por fim, precisamos entender que não estamos em uma igreja para gostarmos dela ou sermos servidos por ela, mas para vivermos os propósitos de Deus. Devemos doar primeiro e, talvez, receber depois!

Pessoas que permanecem na ICP

A ICP está aberta a todos os que desejam unir-se à visão de ampliação do Reino dada por Deus. As pessoas se unirão por meio da visão, da missão, dos valores e dos propósitos fundamentais da igreja. Veja algumas características de pessoas com esse perfil.

São pessoas dirigidas pelos propósitos bíblicos de adoração, comunhão, discipulado, ministério e missões, de forma pessoal e comunitária. Assim, amam servir em ministérios, entendendo que esse é um propósito fundamental de Deus para a nossa vida. Vivem o ministério dentro e fora da igreja, participando, orando e contribuindo para que ele possa acontecer de forma natural.

Conclusão

Pessoas biblicamente saudáveis condizem com a visão da igreja. Entendem que não são produtos para aceitarem rótulos — não se autodefinem como conservadoras ou liberais, mas simplesmente como equilibradas e bíblicas. Creem que a Bíblia é o nosso preceito de vida (Mateus 22.29).

A membresia também permanece e valoriza a rede de PG, pois é aí que a vida comunitária acontece. Por meio desses pequenos rebanhos, aprendemos de forma prática a viver os cinco propósitos de Deus e a membresia é fortalecida.

Pessoas que permanecem em uma ICP entendem que cada membro, cada ministro e cada pastor tem um papel diante do rebanho. Sabem que todos são importantes para Deus e cada um possui funções diferentes no cuidado e na edificação do rebanho, inclusive os membros.

Entender que o evangelismo precisa ser contextualizado é uma das características dessas pessoas. Num contexto mais geral, entendem o papel da igreja dentro da sociedade — inclusive de igrejas que se tornam grandes e relevantes em suas comunidades locais. A membresia sabe como é importante e estratégico ter uma igreja crescente e de alto impacto na cidade.

São pessoas que gostam de igrejas com alto desempenho e velocidade, entendendo a urgência para a salvação de vidas. A membresia corre com propósitos e permanece em Jesus momento a momento!

Pessoas que permanecem em uma ICP celebram sua recuperação dia após dia. Cada membro entende que vive um dia de cada vez, admitindo suas fraquezas, submetendo-se a Cristo e fazendo ajustes e renúncias, sempre dirigidos pela graça de Deus e auxiliados pelos irmãos.

Missões são adotadas como estilo de vida por essas pessoas. Vivem o evangelho de forma "glocal" — global e localmente. Entendem, de acordo com Atos 1.8, que somos todos chamados e enviados como missionários ao mundo, pois o chamado é para vida!

Pessoas que permanecem são aquelas que admitem ser tratadas. Isso faz parte de sua cultura, ou seja, entendem que todos precisamos permanecer em Cristo, admitir sua restauração e viver em recuperação. Reconhecem que precisam de Jesus e uns dos outros para crescer na fé e nos relacionamentos, aceitando serem tratadas pela liderança na Palavra.

Entendem que todos nós somos ministros e iguais perante Deus, mas também que há uma liderança constituída pelo Senhor que precisa ser honrada, amada e considerada.

Pessoas que vivem os propósitos de Deus e estão em uma igreja que fomenta esse estilo de vida desejam o tempo todo crescer espiritualmente. Entendem que todos estamos crescendo em direção à plenitude de Cristo, crendo no mover sobrenatural da igreja por intermédio dos dons, sinais e milagres de Deus.

Vivemos um tempo marcado pela religiosidade e pelo esoterismo; porém, em contrapartida, essas pessoas entendem que *tudo precisa ser discernido espiritualmente* e *tudo é para o nosso crescimento espiritual*.

Acredito que cada vez mais pessoas se unirão a uma igreja que vive os propósitos de Deus, ainda que eventualmente alguns a deixarão por causa de suas convicções. Mais do que nunca, entendemos que não estamos em uma igreja para simplesmente gostarmos dela ou nos sentirmos confortáveis, mas para cumprirmos nossa missão no mundo!

Sou um otimista, a despeito de todas as adversidades e doenças que a igreja de Cristo tem sofrido em seus vinte e um séculos de história. Ela é vencedora e prevalecerá! Nomes, estratégias, formas, métodos e denominações mudarão e se ajustarão, todavia a igreja de Cristo e seus propósitos prevalecerão.

Diante disso, acredito realmente que o melhor de Deus para sua igreja ainda está por vir. Portanto, aproveite bem as oportunidades que Deus dá a você neste tempo e as portas que ele abre diante de você. Cumpra os propósitos de Deus nesta geração e vamos juntos transformar a nossa nação!

Não pare de sonhar e lutar, pois nada acontece até que alguém sonhe com o novo e o inédito. Arrisque com Deus, pois nele toda aventura é fascinante! Lembre-se de que não será fácil, todavia como diz nosso querido pastor Rick Warren: "Não perca nas trevas aquilo que você recebeu na luz!". Nunca, nunca desista!

Apêndices

Apéndices

Apêndice 1

Depoimentos de líderes de igrejas brasileiras com propósitos

A seguir, veja alguns testemunhos selecionados de pastores que fizeram ou estão em transição para uma ICP, com resultados exponenciais, para a glória de Deus.

1. *Pastor Jadai Silva Souza (Campo Limpo, SP)*

Aqui na Igreja Batista no Jardim Itamaraty, tenho experimentado a alegria de fazer uma transição lenta e tranquila. São quase oitos anos nesta jornada e com certeza tenho aprendido a respeito da paciência e da perseverança. Confesso que tive vontade de desistir várias vezes. Nossa igreja caminha com naturalidade e segurança na visão dos propósitos de Deus para ela. No nosso caso, foi necessário fazer ajustes e adaptações, e especialmente escrever, treinar, pregar e ensinar os propósitos para a igreja. A mudança precisou atingir em primeiro lugar a minha vida, e assim pude, com a ajuda de Deus, influenciar outros.

Não há como negar que uma ferramenta de grande importância para comunicar a visão de modo sistemático e ao maior número de pessoas foi a campanha dos "40 Dias de Propósitos", que recomendo a quem quiser ensinar e aprender sobre os propósitos.

Realizamos diversos eventos-ponte que nos colocaram pela primeira vez em contato direto e amigo com os moradores da nossa região. Experimentamos crescimento numérico: devemos batizar mais 50 irmãos até o final do ano. Aprendemos a celebrar ao Senhor com alegria e de modo sensível também aos não cristãos. Nossa igreja tem sido muito abençoada e estamos interessados em ajudar outros irmãos.

2. *Pastor Luciano Estevam Gomes (Aracruz, ES)*

As mudanças foram tão grandes quando resolvemos implementar a visão da ICP em Aracruz, que seriam necessárias várias páginas para descrever o que tem acontecido. Um grande avivamento da parte de Deus veio sobre nós e não pudemos impedir o crescimento que Deus quis que acontecesse na PIB em Aracruz.

Cidade do interior, igreja simples e com 80 anos de existência. Este era um quadro totalmente convincente: "No interior é assim mesmo". Mas Deus muda todas as coisas quando usamos as ferramentas certas e passamos a acreditar que não existe relação entre o tamanho e a força de uma igreja. Começamos a participar de tudo o que estava relacionado ao tema ICP. Ouvimos Rick Warren no Rio de Janeiro, Dan Southerland na Orla Sul, Carlito Paes em São José dos Campos e muitos outros. Não me contive e fui a Saddleback. Percebemos que nada contrastava daquilo em que já acreditávamos, mas havia uma pequena diferença: passamos a crer que Deus podia realmente realizar nossos sonhos mesmo numa cidade do interior. Se os princípios são bíblicos, funcionarão em qualquer lugar: isso não saía da minha cabeça.

Em quatro anos de transição, batizamos 535 novos crentes; vendemos nossa velha propriedade de 1.197 m^2 e compramos uma de 8 mil m^2 ao lado do Sesc, da Câmara Municipal e do *shopping* da cidade; construímos um auditório principal para 2 mil pessoas, um prédio administrativo com ênfase nos propósitos bíblicos e um prédio de educação (em fase de finalização), no qual teremos 4 auditórios para cerca de 250 pessoas, cada um com muitas salas para discipulado no segundo pavimento. A igreja se estruturou em ministérios com a ajuda da Rede Ministerial, o que ajudou sobremaneira na transição, oportunizando aos membros mais antigos o privilégio de descobrirem seu lugar no corpo e trabalharem para a honra e glória de Deus. Quero, em nome da Pibara, agradecer a Deus pela vida do pastor Rick Warren, que tem sido instrumento nas mãos de Deus, e ao Ministério Propósitos Brasil, que tem ajudado a promover esses princípios em nossa amada terra.

3. Pastor Lécio Dornas (Salvador, BA)

Minha vida não foi mais a mesma depois de conhecer a ICP. Pastoreei uma igreja no Mato Grosso por quase dez anos, e ela cresceu substancialmente depois que fizemos a transição para a ICP. Começamos com a escola bíblica dominical estudando os princípios, depois com a pregação do púlpito visando transformar vidas. Em seguida, redefinimos a estrutura e descobrimos os ministérios, fizemos a campanha "40 Dias de Propósitos" e organizamos o calendário por propósitos.

A igreja se tornou alegre e contagiante, foram compostas músicas para os propósitos dentro da própria igreja e houve um despertamento para o serviço cristão que culminou com a organização de um colégio batista.

Hoje pastoreio na Bahia, onde já iniciamos o processo de transição. A ICP é o caminho para a organização e funcionamento para a igreja atual.

4. Pastor Gilson Souto (Bauru, SP)

Gostaria de ter conhecido a ICP bem antes, quem sabe até no seminário. Quando observo o que hoje vivo como ministério e o que fiz nos primeiros anos de pastorado fico estarrecido!

Pastoreio uma igreja com cerca de 45 anos de existência. Passamos por um processo de transição relativamente tranquilo. Nosso maior problema não foi dentro da igreja, mas fora. Muitos pastores achavam que estávamos "inventando moda".

Nestes cinco anos em que estamos aplicando os princípios de uma ICP, temos visto Deus agir de modo maravilhoso. O que mais me surpreende são as vidas que passaram a tomar interesse por coisas espirituais e a dedicar-se a um propósito mais duradouro. Uma igreja dirigida por propósitos, formada por vidas com propósitos, pode transformar toda uma sociedade. É isso o que queremos ser!

A experiência de pastorear uma ICP não é fácil; exige muito de nós, como líderes, e da igreja como um todo. Não é fácil envolver uma igreja com mais de quarenta anos e mudar a visão autocentrada para uma visão centrada em Deus, saindo do comodismo para o serviço.

Como pastor, pude crescer muito na visão bíblica de como uma igreja pode atuar na sociedade e ser relevante. A cada dia mais me convenço de que, como igreja, estamos no caminho certo. Pude reavaliar muitos conceitos sobre a figura do pastor e do líder. Aprendi a delegar mais tarefas e executar aquilo que é de minha estrita responsabilidade. Deixei de fazer muitas coisas e de centralizar tudo na minha pessoa. Creio ser essa a minha maior dificuldade, talvez por eu ser um pouco perfeccionista. Deus tem mudado isso na minha vida.

Outro fator importante são os desafios que a igreja passou a assumir. O crescimento nos levou a ver como Deus pode usar-nos e como podemos ver as maravilhas de Deus na vida das pessoas.

5. Pastor Aloizio Penido (Juiz de Fora, MG)

Durante os oito anos em que ocupei a cadeira de evangelismo e crescimento de igrejas no Seminário Teológico Batista Mineiro, verifiquei que as igrejas de origem dos seminaristas não tinham um plano sério de evangelismo e treinamento dos membros para o discipulado. Tendo feito essa constatação, dispus-me a ministrar aulas práticas de evangelização e procurei identificar todos os tipos de ferramentas disponíveis que pudessem agregar valores à vida dos alunos. Aprofundei-me no conhecimento do discipulado e busquei meu próprio treinamento prático com um dos maiores ganhadores de almas que já conheci: o missionário Thomas Wade, que se tornou meu amigo pessoal e influenciou muito a minha vida.

Nesse período, participei dos treinamentos sobre Ministério Total de Reconciliação (MTR), Evangelismo Explosivo (EE), Clínica de Crescimento de Igrejas (CCI), Treinamento para o Evangelismo Pessoal (TEP), Evangelismo Pioneiro(EP), Rede Ministerial (RM), Igrejas em Células (IC) e Igrejas com Propósitos (ICP), além de outros. Todas essas ferramentas têm como finalidade auxiliar as igrejas na tarefa de evangelização e crescimento. Eu mesmo fui muito ajudado no meu trabalho de professor e até hoje continuo colocando em prática em meu ministério tudo aquilo que transmiti aos meus alunos.

Confesso que, na minha avaliação, os princípios da ICP são os mais se adaptam ao perfil das igrejas em geral por algumas razões: não se trata se uma "camisa de força" que visa uniformizar as igrejas, por isso permite que igrejas de qualquer denominação adaptem os princípios ao seu estilo local; não há ensinos doutrinários contraditórios à Palavra de Deus e tampouco existe a preocupação de constituir uma denominação com as igrejas que aderem a esses princípios.

O que se pretende é capacitar as igrejas a cumprirem seus propósitos nas áreas de adoração, comunhão, discipulado, serviço e missões. Nessa caminhada, alguns materiais importantíssimos estão sendo disponibilizados, como o livro *Uma vida com propósitos*, que deve ser estudado com toda igreja durante 40 dias.

Antes de visitar a Igreja Saddleback, participar dos treinamentos ministrados por Rick Warren e ouvir seus desafios ao lado de líderes de várias partes do mundo, mesmo tendo lido os materiais e ensinado os princípios, confesso que ainda estava meio cético quanto aos resultados práticos. Contudo, após fazer a campanha dos "40 Dias de Propósitos" na minha igreja, notei a mudança de compromisso dos fiéis; a alegria que começou a brotar em cada coração; bem como o anseio para participarem de diversos ministérios. Percebi que estava na direção certa e que tudo isso é coisa de Deus.

Só para dar uma ideia, após a campanha dos "40 Dias", os líderes dos PG pediram para continuar estudando cada lição do livro *Uma vida com propósitos* uma vez por semana até o fim do ano. Após a campanha, fiz um desafio para os interessados em participar de um treinamento sobre evangelização e discipulado. Preparei 30 apostilas e fiquei na expectativa do início. Para minha surpresa, 92 pessoas apareceram e 81 permaneceram durante as quatro semanas de treinamento. Vários voluntários da igreja se juntaram e iniciaram um trabalho de apoio a moradores de rua todas as sextas-feiras, com atendimento semanal a cerca de 90 necessitados com banho, roupas, corte de cabelo e alimentação. Outros ministérios ganharam força e muito novos foram criados. Os PG se multiplicaram e a igreja está com ânimo renovado.

Só para reforçar o que estou dizendo, há seis anos, quando ainda não tínhamos implantado os princípios da ICP, éramos pouco mais de 300 membros na PIB de Juiz de Fora. Agora, com os cinco propósitos implantados, as Classes 101 a 401 funcionando e os PG multiplicados, contamos hoje com cerca de 1.300 irmãos maduros e comprometidos com a obra. Digo isso para a glória e honra do Senhor Jesus e para que você se empolgue com a ideia.

Recomendo a todos que abracem esse projeto nascido no coração de Deus e tão bem desenvolvido por Rick Warren e transmitido por Carlito Paes.

6. Pastor Luiz Ademir Cardoso (Erechim, RS)

Antes mesmo de ser pastor, eu já sonhava com uma visão como a da ICP, ainda que não soubesse seu nome. Imaginava uma igreja acolhedora, trabalhadora, amorosa, restauradora de vidas, um lugar no qual as pessoas se sentissem bem e desenvolvessem seus dons e talentos. Quando obedeci ao chamado para exercer o ministério pastoral, comecei a colocar em prática a visão que o Senhor já me havia dado, mas sentia que faltava algo mais. Então, comecei a orar, pedindo orientação para organizar aquela visão. Quando participei do I Congresso de Igrejas com Propósitos em São José dos Campos, vi que tudo com o que eu sonhava estava dentro desse projeto e me apaixonei! Vi que essa era a resposta de Deus para as minhas orações e agradecia o todo tempo ao Senhor.

Nossa igreja já vinha passando por um processo de mudanças extremamente necessário. Era uma igreja com 70 anos de existência que nunca havia passado de 100 membros; os pastores não permaneciam no pastorado, a frequência dos cultos era baixa, com média de 20 pessoas e poucos batismos.

A cidade vivia um crescimento constante, porém a igreja estava parada no tempo. Devido a todas essas deficiências, as dificuldades existiam, mas não impediram a transição. Hoje, a história mudou. Temos 330 membros, 30 ministérios, 25 PG, e uma participação de mais de 400 pessoas nos cultos semanais. Nos últimos anos, realizamos um novo batismo a cada 70 dias, temos uma igreja acolhedora, trabalhadora e restauradora. Creio que ainda há muitos ajustes e mudanças a fazer, mas estamos com certeza no caminho certo.

Meu coração transborda em ver pessoas envolvidas nos mais diversos ministérios da PIBE e líderes participando dos treinamentos e treinando suas equipes. Oito anos já se passaram desde que aqui cheguei. Mudanças maravilhosas aconteceram. De um pastor, passamos a uma equipe pastoral; de praticamente nenhum ministério, passamos a diversos; de uma igreja sem visão, passamos a uma igreja que busca a visão de Deus. Creio que Deus tem muitos sonhos para esta cidade e para a região do Alto Uruguai.

7. *Pastor Erasmo Maia Vieira (Vitória, ES)*

A Igreja Batista e Morada de Camburi era, até dezembro de 1999, uma igreja quebrada em todos os aspectos. Já havia tido 120 membros, mas, devido a desentendimentos, agora estava com 28. Com o novo pastor, os 28 membros fizeram um curso em torno do livro *Uma igreja com propósitos*. No quarto encontro, já eram quase 60 participantes.

O grupo decidiu que seríamos uma ICP. A partir daí, começamos a implementar as estratégias. A primeira foi a aplicação das quatro classes, que aconteceu em junho, julho, agosto e setembro de 2000. Conquanto houvesse críticas com relação ao estilo de vida eclesiástica, rumamos na solidificação dos princípios bíblicos de Deus resumidos nos cinco propósitos. Ao final de 2000 éramos 88 membros. Nesse ínterim, o templo e os dois pequenos prédios foram inteiramente reformados, e um deles foi totalmente reconstruído.

O texto de Jeremias 29.11 foi assumido por todos como a mensagem de Deus para nós. A igreja se desenvolveu numericamente até alcançar a casa dos 400 membros. O maior crescimento, porém, é o impacto de vidas transformadas que testemunham aos domingos durante os cultos. Esse é o maior prêmio que, aos nos transformarmos em ICP, recebemos de Deus.

8. *Pastor Antônio Targino (Natal, RN)*

Cursando o último ano de teologia, senti a direção de Deus para plantar uma igreja batista e mesmo com uma experiência de mais de quinze anos como líder na igreja, não tinha uma direção clara de como começar. Foi exatamente neste ponto que a história começou a mudar. O pastor Edison Vicente da PIB de Natal me apresentou um *folder* sobre um seminário da ICP a ser realizado na cidade de João Pessoa, PB, dizendo que seria uma excelente oportunidade de conhecer alguns princípios para plantar uma igreja saudável, e para surpresa minha e de minha esposa, encontramos naquele seminário o que procurávamos para iniciar a nova igreja.

Durante o evento, conhecemos o pastor Guy Key e, a partir desse contato, começamos a planejar o início daquela que seria, um ano meio depois, a Igreja Batista Cidade Jardim, firmada e fundamentada nos princípios da Palavra. Deus tem trabalhado até hoje usando como ferramenta de crescimento espiritual e numérico os ensinamentos contidos no Grande Mandamento e na Grande Comissão estabelecidos pelo Senhor Jesus, que é a base de uma ICP.

Em minha vida pessoal e pastoral, a ICP foi mais do que a quebra de vários paradigmas. Foi a convicção de que o evangelho de Jesus Cristo, que é a verdade que liberta, podia ser pregado, anunciado e cantado sem o engessamento do tradicionalismo religioso no qual eu havia sido formado.

Desde os primeiros dias do meu ministério pastoral, envolvi-me completamente com os princípios da ICP, participando, com minha esposa e vários líderes da nossa igreja, das conferências anuais. Nessas conferências, convivi com algumas pessoas que têm abençoado a mim e à nossa igreja. Entre eles quero destacar os pastores Carlito Paes, Guy Key, Carlos McCord e Fabiano Ribeiro, além de ter o prazer de sermos sempre bem recebidos São José dos Campos por pessoas que demonstram de forma muito clara os ensinamentos de uma igreja que ama, uma igreja com propósitos.

9. *Pastor Jeremias Pereira (Belo Horizonte, MG)*

Os princípios de uma vida e uma igreja com propósitos nos desafiaram e inspiraram a viver dias melhores como igreja local; e aprofundaram nossa compreensão de ser e viver como uma igreja que serve a Cristo e ao próximo. Grandes ideias e sonhos foram gerados a partir da leitura e aplicação dos princípios que aprendemos e temos aprendido nos dois livros de Rick Warren.

10. *Pastor Jackson Andrade (Belo Horizonte, MG)*

A PIB de Belo Horizonte completa 100 anos de existência em 2012. Como toda instituição histórica, tem forte tendência à rigidez e, consequentemente, ao tradicionalismo. Esses fatores acabam constituindo-se em um passo significativo rumo à morte ou em um grande obstáculo para qualquer mudança. E a PIB estava caminhando para a morte, por algumas razões:

- O orgulho histórico, por pertencer a uma denominação e igreja histórica.
- Ter uma membresia com baixo índice de renovação e pelo fato de quase totalidade dos membros morarem cerca de 5 a 10 km longe da sede.
- Ter pouco ou nenhum envolvimento com a comunidade em que está inserida, pois, apesar de situar-se na região central, que quase sempre é ocupada pelo comércio e por escritórios, existem vários condomínios próximos, dentre eles um dos maiores do Brasil, o JK, com mais de seis mil moradores.
- Falta de compreensão quanto a visão, missão, valores e declaração de propósitos da igreja. Ou seja, fazíamos o que toda igreja tenta fazer, sem muita clareza.

Diante disso, podemos dizer que os princípios da ICP nos têm ajudado a definir o que é ser de fato uma igreja dirigida pelos propósitos bíblicos e a concentrar nossa atenção naquilo que Deus realmente espera de sua igreja. Assim, nós nos tornarmos uma igreja relevante para aqueles que dela fazem parte e para a comunidade. Louvado seja Deus! A despeito de todas as dificuldades, temos vencido as barreiras, tanto que começamos a perceber uma renovação significativa no rol de membros da igreja. Isso significa que temos mais pessoas novas na igreja hoje do que há alguns anos. Também a proximidade dos membros vem mudando, uma vez que a igreja tem procurado sair do ostracismo e da inércia, estabelecendo contato com a comunidade, por meio de várias ações direcionadas. Com isso, a frequência tem aumentado e a ação da igreja tem sido reconhecida pela comunidade, como revelam as homenagens prestadas pela Câmera Municipal e por outras entidades. Não estamos buscando a honra dos homens, mas isso demonstra que a igreja não é mais a mesma, pois antes seu templo estava na comunidade e agora a igreja é parte da comunidade. Somos chamados a participar das questões que inquietam e afligem a comunidade, conforme ela percebe que estamos interessados em demonstrar o amor de Deus de forma prática.

Usando o nosso "mineirês", dizemos: "Uai, não tem sido fácil!". Nossa posição geo-histórica não favorece mudanças e novas propostas, ainda que, no caso de propósitos, não estejamos lidando com algo totalmente novo, pois, na nossa perspectiva, trata-se de uma releitura dos princípios bíblicos. Afinal, "não há nada de novo debaixo do sol". E os propósitos, com certeza, não constituem coisa nova, já que, acima de tudo, são bíblicos.

No entanto, para nós, mineiros, a coisa não é bem assim. Por sermos das Minas Gerais e detrás dos montes, o que é novo "não cheira bem" e causa desconfiança. Estamos também em um dos redutos mais conservadores da denominação batista. E, por se tratar de uma igreja histórica, é possível perceber que não tem sido fácil. Mas, podemos assegurar, sem medo de errar, que tem valido à pena, pois, apesar de as mudanças serem lentas e graduais, cada pessoa que chega e diz "Agora eu entendi!" nos traz grande alegria.

Implantar propósitos em Minas tem sido um exercício de paciência, determinação e perseverança, o qual certamente poderá ajudar muitas igrejas pelo Brasil e pelo mundo. Se pegar em Minas, vai pegar em qualquer outro lugar. É nesse sentido que estamos trabalhando, pois temos a certeza de que, independentemente do nome que se dê, os princípios são bíblicos e valem para todas as igrejas, não importa o modelo que venham a adotar.

11. *Pastor Aroldo Martins (Manaus, AM)*

Eu poderia dizer com todas as letras que ICP mudou a minha vida e o meu ministério. Já faz aproximadamente dez anos que venho trabalhando com os princípios da ICP e não teria com enumerar a imensidão de benefícios que ela me trouxe. Posso afirmar que não sou mais o mesmo depois de ter abraçado a visão que recebi do Senhor para colocar em prática esses princípios.

Hoje, temos uma igreja mais espontânea, alegre, relevante, contagiante e saudável. Sou imensamente grato a Deus por ter-me posto diante desse material tão enriquecedor dado ao pastor Rick Warren, que em sua humildade o socializou com o mundo. Mais do que nunca, tenho prazer, satisfação e entusiasmo no ministério que o Senhor colocou nas minhas mãos. Saímos do ostracismo para nos aproximarmos de nossa comunidade e cidade. De fato, sinto-me realizado em poder servir em uma igreja que segue nos propósitos eternos de Deus declarados em sua Palavra.

Não foi fácil implantá-los no início, mas foi desafiador. Isso trouxe ainda mais perseverança e determinação; posso dizer que tenho crescido diariamente a cada passo que a igreja tem dado. Quando decidimos implantar os propósitos em nossa igreja de 30 anos de existência, tínhamos um grupo de aproximadamente 60 pessoas. Isso me causava grande incômodo e mal-estar. Aos poucos, Deus nos deu sabedoria e discernimento para fazer as transições que precisavam ser feitas. Hoje, somos mais de 300 membros com 2 igrejas-filhas, investimento em missões, com duas celebrações em um auditório para mais de 300 pessoas em sua primeira etapa; temos mais de 20 ministros exercendo ministério em tempo parcial, e ainda mudamos o sistema de prestação de contas de assembleias mensais para conselho deliberativo.

Não sabemos há muitos anos o que é falta de comunhão e desentendimentos entre o grupo, e a igreja se tornou leve, um ambiente agradável, moderno, informal e acolhedor para as pessoas da comunidade que antes não vinham às celebrações e hoje, por meio dos vários eventos-ponte ofertados, frequentam ordinariamente nossas programações.

12. Pastor Ricardo Aurino dos Santos (Brasília, DF)

Em qualquer organização humana, estruturas, estratégias e ferramentas ministeriais são desenvolvidas para operacionalizar os princípios bíblicos. Não há nada de errado nisso, visto que as igrejas são 100% divinas (bíblicas) e 100% humanas (organizacionais). Sempre será necessário contextualizar os princípios da Bíblia. Essa inclusive é a base da hermenêutica.

No entanto, com o passar do tempo, a estrutura criada por muitas igrejas, principalmente aquelas ligadas a uma grande denominação, fica engessada e não acompanha as mudanças sociais/culturais. Assim, com o tempo, o modelo se torna mais importante do que os princípios bíblicos que o inspiraram. Durante muitos anos, tentei pastorear igrejas com modelos humanos criados nas gerações anteriores. Eles foram relevantes e frutíferos no passado, mas já não se prestavam a ajudar a igreja da nossa geração.

Como todo pastor que sonha em realizar um trabalho relevante no Reino de Deus, meu coração clamava por relevância. Mas minha igreja continuava pequena, muitas vezes derrotada e praticamente irrelevante para a comunidade como um todo. Muitas vezes vi-me frustrado e me perguntava:

Será maldição, Senhor? Será pecado? Será que o método está errado? Por que minha igreja não cresce? O que está acontecendo?

Alguns diziam que era assim mesmo. As igrejas eram em pequeno número porque a porta é estreita. Somos um pequeno povo. Outros diziam que qualidade era melhor do que quantidade. Mas eu não entendia por que a igreja primitiva crescia em qualidade e quantidade, tinha milhares de membros, era relevante na comunidade, e nós não éramos. Também não entendia por que a minha igreja não experimentava um grande avivamento, como os que varreram a Europa e a América do Norte em séculos passados.

Minha frustração perdurou até que conheci o movimento que denominamos ICP. Creio que os princípios das ICP representam um grande resgate dos valores bíblicos corretamente aplicados à realidade contemporânea. Em 1999, li o livro *Uma igreja com propósitos* e o achei maravilhoso. Mas, depois de ler, ele permaneceu na minha estante.

Em janeiro de 2001 recebi do pastor Carlito Paes o convite para cooperar como um dos pastores da PIB São José dos Campos. Em fevereiro de 2001 o pastor Carlito visitou a igreja de Saddleback e foi impactado pela vida e pelo ministério do pastor Rick Warren. Ao voltar, ele compartilhou isso conosco. A partir daí, começamos a estudar os princípios e as práticas do trabalho ICP.

Em março de 2001, Rick Warren esteve pela primeira vez no Brasil, no Rio de Janeiro. Levamos a liderança da igreja ao Riocentro, no qual eu e centenas de pastores fomos impactados pela pregação. Nesse mesmo ano, fui pela primeira vez à Conferência ICP na Igreja de Saddleback (Califórnia, EUA). Estive lá outras vezes e posso atestar a integridade da igreja e do pastor Rick Warren.

A partir de então, passamos a desenvolver o trabalho ICP na Igreja da Cidade. Em um ano, os resultados já eram maravilhosos, inclusive com a mudança de endereço da igreja.

Em 2002 realizamos em São José dos Campos a primeira conferência IBCP — Igrejas Brasileiras com Propósitos (hoje nominada Conferência Inspire). Até 2011, foram realizadas 12 conferências dessa natureza. No final de 2002, fundamos o Ministério Propósitos com o intuito de promover os princípios IBCP para igrejas e pastores. Tive a alegria de ser o diretor desse ministério, tendo o Pastor Carlito como presidente.

Nestes anos, impulsionados pelos princípios da IBCP, a PIB em São José dos Campos passou por uma profunda transição, com grande crescimento em todos os aspectos. Foram anos pioneiros e maravilhosos. Vimos o poder de Deus de forma como nunca havíamos experimentado.

Em 2006 fui convidado a mudar para a PIB em Jacareí, na qual servi por cinco anos ajudando na implementação dos princípios IBCP. Também essa igreja experimentou crescimento exponencial. Desde junho de 2011, coopero com a Terceira Igreja Batista de Brasília, na qual também queremos ver o mesmo mover de Deus.

Ao longo desses anos, pude visitar muitas igrejas e muitos ministérios compartilhando o que Deus realizou em nossa vida. E pude ver o mesmo mover de Deus em muitos lugares diferentes:

- Igrejas tornando-se referenciais em suas comunidades, nas quais os pastores são consultados pelas autoridades para a solução e a melhoria de bairros, cidades e regiões.
- Igrejas nas quais o culto se tornou uma grande celebração da alegria em Jesus.
- Igrejas nas quais ocorrem conversões em praticamente todos os cultos.
- Igrejas que batizam centenas de pessoas por ano.
- Igrejas com crescimento exponencial na membresia e milhares de pessoas alcançadas pelo evangelho.
- Igrejas que encararam pela fé, sem recursos, imensos desafios de mudança de endereço, compra de propriedades e construção de locais maiores e mais bem localizados.
- Igrejas que resgataram o princípio bíblico da liderança colegiada.
- Igrejas que viram multiplicar a entrada financeira.
- Igrejas que multiplicaram os cultos, suprindo assim múltiplas necessidades de sua membresia e da comunidade.
- Igrejas que implantaram o pastoreio mútuo por meio de PG.

- Igrejas que viram multiplicar ministérios mediante uma verdadeira revolução do voluntariado, com milhares de pessoas descobrindo como servir segundo seu molde ministerial.
- Igrejas que criaram processos bíblicos de atração e integração de pessoas e assim prepararam-se para o crescimento exponencial.
- Igrejas que se tornaram mais acolhedoras e mais alegres.
- Igrejas que aprenderam a olhar para frente com novos e maiores sonhos.
- Igrejas que desenvolveram um trabalho social mais consistente e mais efetivo.
- Igrejas que souberam usar a cultura para realizar eventos-ponte impactantes para a comunidade.
- Igrejas que experimentaram o poder da libertação espiritual.
- Igrejas que experimentaram milagres e avivamento espiritual.

Tem sido uma maravilhosa caminhada de crescimento, significado e significância. Deus transformou minha vida e meu ministério a partir da aplicação dos princípios e das práticas de IBCP.

Certamente esse não é o único movimento de Deus para conferir avivamento. Deus não está restrito a um único mover. Mas certamente é um movimento de Deus. Transformou a minha vida, transformou a vida de milhares de igrejas e pastores e pode transformar a vida de tantos quantos se disponham a aplicar esses princípios de forma sincera e inteligente. Minha esperança e oração é que Deus possa usar esse trabalho para abençoar ainda muitos pastores e igrejas ao redor do mundo.

13. *Pastor Luiz Francisco Carrilho Sanches (Jacareí, SP)*

As mudanças em minha vida, ministério e igreja foram muito profundas desde que iniciamos a transição para uma igreja dirigida pelos eternos propósitos de Deus. Chegamos a Jacareí, interior de São Paulo, em setembro de 1997, a convite da Primeira Igreja Batista, uma pequena comunidade que acabava de dividir-se, ficando com metade da membresia, em torno de 50 pessoas. Era enorme o desafio de curar as feridas, consolar o rebanho, restaurar o pequeno templo e trazer esperança. Mas Deus nos animou e nos fortaleceu para essa tarefa.

Em 1998, quando foi lançado o livro *Uma igreja com propósitos*, logo o adquiri e o li com o maior interesse. Encontrei ali muitas ferramentas e estratégias que eu iria utilizar a partir de então no meu ministério, sem abrir mão dos princípios bíblicos nos quais sempre o fundamentei e que também eram preservados no livro. Três anos depois, participei da 1ª Conferência do Pr. Rick Warren no Brasil, no Rio de Janeiro, na qual fui tremendamente impactado, com a visão confirmada.

Nos primeiros anos de pastorado, fizemos um diagnóstico para detectar as enfermidades no meio do rebanho, e o Espírito Santo nos conduziu a trabalhar na cura da maledicência e da avareza, dois grandes males que afligiam e impediam o crescimento espiritual e numérico do rebanho. A alegria, a paz e a harmonia passaram a reinar e, em seguida, pudemos ver vidas restauradas e o pequeno templo sendo igualmente restaurado.

A partir de 2001, começamos efetivamente a transição, reunindo regularmente a liderança, orando, lendo livros de autores como Dan Southerland, Bill Hybels e Rick Warren, e sonhando com uma igreja que fosse relevante para a cidade e que impactasse as pessoas com o evangelho de Cristo. Eu e minha esposa Nilce havíamos feito uma pesquisa, perguntando para diversas pessoas na cidade, em lugares diferentes, de várias classes sociais e faixas etárias diferentes, se elas conheciam a Primeira Igreja Batista. Ninguém soube informar precisamente e muitos não tinham nem ideia sobre a presença ou atuação da igreja. Uma insatisfação santa nos levou a construir, junto com a nossa comunidade, uma nova visão que levasse a um crescimento exponencial da igreja. Acreditamos que valia a pena sonhar grande, começar pequeno e andar rápido na direção dos sonhos que Deus tinha para nós.

Em 2003, a PIB Jacareí estava madura e preparada para sua primeira e ousada mudança. Em junho daquele ano alugamos uma área dez vezes maior, com 3 mil m². Saímos de um local escondido, numa rua estreita, sem estacionamento, e fomos para a região central da cidade, num local estratégico, com visibilidade, galpões amplos e estacionamento para 70 carros.

Uma mudança radical, feita pela fé, pois somente o aluguel dessa área comprometia cem por cento do nosso orçamento. Não demorou para que Deus honrasse nossa fé e a visão foi se confirmando e se estabelecendo. Realizamos as campanhas de 40 Dias de Propósitos, 40 Dias de Comunidade e outras maravilhosas campanhas de oração, trazendo grande avivamento para o povo de Deus e centenas de pessoas começaram a chegar.

Um dos grandes destaques logo depois da nossa mudança para a sede alugada foi o de sermos convidados para a realização de um grande evento-ponte dentro da FAPIJA, uma feira agropecuária e industrial que reúne meio milhão de pessoas anualmente em Jacareí. Desde 2004, a PIB em Jacareí realiza a Manhã Gospel, trazendo anualmente artistas evangélicos, com celebrações para um público estimado em vinte mil pessoas, crescendo a cada ano. O impacto foi tão grande que em 2005 recebemos o prêmio *Top of Mind*, como organização religiosa mais conhecida na cidade.

Nos últimos cinco anos, formamos uma equipe pastoral e hoje temos líderes para três faixas etárias (crianças, adolescentes e juventude), além do estabelecimento das bases de adoração, comunhão, discipulado, ministério e missões. Buscamos o equilíbrio dos cinco propósitos dentro de cada faixa etária e também nos Pequenos Grupos, que implantamos a partir de 2007. O Celebrando a Recuperação, implantado também em 2007, tem sido um valioso instrumento para acolher e restaurar vidas.

Como cremos que o melhor de Deus ainda está por vir, Deus fez mais um grande milagre: mostrou-nos uma área de 30 mil m^2. Lembra-se que passamos de $300m^2$ para 3 mil m^2? Fomos então desafiados a adquirir um lindo terreno, a 800m da Rod. Presidente Dutra, na principal Avenida de Jacareí – Av. Getúlio Vargas. Um terreno cobiçado por empresas e investidores, mas somente nossa igreja compareceu na licitação com documentação em ordem e com o valor mínimo estabelecido pelo edital. Ganhamos, mas tínhamos de pagar na entrada dez por cento do valor do imóvel, avaliado em uma quantia de milhões de reais, e ainda 48 parcelas mensais que correspondiam a quase duas vezes o nosso orçamento.

Para a glória de Deus, honramos a entrada e as primeiras 24 parcelas, sem atraso em todas elas. Um grande esforço vem sendo feito, com entrega de veículos, muitas ofertas sacrificiais, feitas com amor e alegria, porque cremos que foi realmente Deus quem nos deu tão grande presente. Ele tem algo muito especial para realizar nesta cidade com 210 mil habitantes e uma das mais estratégicas no eixo Rio—São Paulo.

Desde 2011, temos o projeto da primeira etapa de construção aprovado pela Prefeitura Municipal e nos preparamos para erguer na nossa nova sede uma tenda galpão de 600 m², já quitada pela igreja. Ultrapassamos o número de 600 membros, procurando focar no cuidado e no crescimento de cada um, mas sem perder de vista a nossa visão de fora para dentro, trazendo sempre mais vidas para Jesus.

Grandes sonhos, grandes milagres, mas, sobretudo, um grande Deus, que tem ouvido e atendido o clamor desse povo que chama pelo seu nome e que depende totalmente dele para a realização de sua obra. A Deus toda a glória!

14. Pastor Rogério F. Leite (Mogi da Cruzes, SP)

Minha vida espiritual e familiar e o meu trabalho eram um tanto quanto monótonos. Eu parecia um fariseu, conhecedor da lei, mas não praticante. Chamo isso de farisaísmo contemporâneo. Até que conheci os princípios eternos e bíblicos de uma vida e uma igreja com propósitos. Lembro-me bem de quando deparei com eles, ao ler o livro *Uma igreja com propósitos,* do pastor Rick Warren, quinze anos atrás. Estava no seminário, recém-casado e plantando uma igreja em Gravataí (RS). O Senhor me fez voltar à sua Palavra e me mostrou seus cinco propósitos. Pude então iniciar um retorno ao primeiro amor. Eu precisava disso para viver, para exercer melhor minha liderança na família e na igreja e deixar um legado neste mundo.

Os propósitos de Deus têm ensinado que não importa o tamanho dos nossos desafios e sonhos, dificuldades e batalhas. O que realmente importa é se estamos vivendo com equilíbrio e foco. Venho sendo desafiado a ter uma visão clara de mim mesmo e isso tem me ajudado a crescer e desenvolver melhor o meu chamado como servo, marido e pai. Hoje, sei de onde vim, onde estou no exato momento e onde quero chegar! Minha vida se tornou mais apaixonante e desafiadora. Nossa família tem tido mais sabor e celebração, desde que conhecemos o verdadeiro sentido da vida e por quais motivos e propósitos estamos aqui.

Compreendemos que a diferença entre tamanho e força da igreja ou ministério é apenas uma questão de equilíbrio e saúde. Aplicamos os propósitos eternos de Deus nos mais diferentes ministérios e áreas de atuação. Tenho visto o crescimento da membresia e da igreja em todas as áreas: espiritual, numérica e financeira. Isso é o que queremos e é o que Deus sonha para a igreja e seu Reino.

A comunhão da igreja tem crescido de forma incrível! Temos iniciado e multiplicado redes de PG, para que o povo não apenas tenha relacionamentos profundos e saudáveis, mas também um laboratório para vivenciar os propósitos de Deus. A adoração se tornou um estilo de vida da comunidade, não apenas um momento musical do culto. Temos notado uma grande diferença no meio do povo. Eles estão crescendo espiritualmente e servindo com mais interesse, foco e determinação nos ministérios da igreja e uns aos outros.

É grande e notório o impacto que isso tem causado na comunidade litoral em que estamos inseridos, bem como nas áreas missionárias, pois experimentamos grande êxito e crescimento. Já somos mais de 3.200 pessoas batizadas e integradas na igreja-mãe e nas diversas congregações: PIB de Itapoã Vila Velha (ES), Porto Alegre (RS), Vale do Jequitinhonha (MG), Matilde nas Montanhas da Serra (ES) e nas filhas que temos na Ilha de Cuba, cumprindo assim o papel que a Bíblia nos ensina: "Vão pelo mundo todo e preguem o evangelho a todas as pessoas" (Marcos 16.15).

Temos experimentado os grandes frutos dos princípios do Senhor e alcançado grandes vitórias e conquistas ministeriais. Vemos isso como a "terceira reforma" da igreja, ou seja, praticar e não apenas conhecer o que Jesus nos ensinou: amar a Deus sobre todas as coisas e ao próximo a si mesmo.

Louvo a Deus por não sermos os únicos que têm experimentado essa dádiva! Temos aprendido muito, conhecendo os bons exemplos ao redor do Brasil e no mundo. Aleluia! Somos fruto desses princípios e dessas mudanças. A consequência desse crescimento e êxito tem sido uma oferta suave ao Senhor. Vivamos os eternos propósitos de Deus e sejamos felizes! A Jesus toda glória!

Apêndice 2
Biblioteca Propósitos

O Ministério Propósitos Brasil indica os seguintes materiais para pastores e líderes que queiram aprofundar-se no conhecimento dos propósitos e em conceitos de liderança:

Uma igreja com propósitos, de Rick Warren (Editora Vida)

Uma vida com propósitos, de Rick Warren (Editora Vida)

Diário Uma vida com propósitos, de Rick Warren (Editora Vida)

Liderança com propósitos, de Rick Warren (Editora Vida)

Liderança corajosa, de Bill Hybels (Editora Vida)

A transição, de Dan Southerland (Editora Vida)

Igrejas que prevalecem, de Carlito Paes (Editora Vida)

Caminhada com propósitos para mulheres, de Katie Brazelton (Editora Vida)

12 maneiras de estudar a Bíblia sozinho, de Rick Warren (Editora Vida)

Edificando uma igreja de grupos pequenos, de Bill Donahue & Russ Robinson (Editora Vida)

Princípios de relacionamento de Jesus, de Tom Holladay (Editora Vida)

Ministério de adoração na igreja contemporânea, de Carlito Paes & Sidney Costa (Editora Vida)

Os sete pecados capitais no ministério de grupos pequenos, de Bill Donahue & Russ Robinson (Editora Vida)

Respostas para os grandes problemas da vida, de Rick Warren (Editora Vida)

Como preparar mensagens para transformar vidas, de Carlito Paes (Editora Vida)

Um ministério com propósitos para líderes de jovens, de Doug Fields (Editora Vida)

Rendição arriscada, de Kay Warren (Editora Vida)

Formado com um propósito, de Erik Rees (Editora Vida)

Crianças e juniores com propósitos, de Fabiano dos Santos Ribeiro & Viviam Siqueira Ribeiro (Editora Vida)

Descubra onde você está, de Greg L. Hawkins & Cally Parkinson (Editora Vida)

Descontentamento santo, de Bill Hybels (Editora Vida)

Poder para mudar sua vida, de Rick Warren (Editora Vida)

A vida que satisfaz, de Carlos McCord (Editora Inspire)

Referências Bibliográficas

Livros

FIELDS, Doug. **Um ministério com propósitos para líderes de jovens.** São Paulo: Vida, 2006.

HAGGAI, John. **Seja um líder de verdade.** 1. ed. Venda Nova/MG: Betânia, 1990.

HYBELS, Bill. **Liderança corajosa.** São Paulo: Vida, 2002.

MCMANUS, Erwin. **Uma força em movimento.** São Paulo: Garimpo Editorial, 2009.

PAES, Carlito M. **40 dias de rendição.** 1. ed. São José dos Campos: Inspire, 2011.

_____. **Como preparar mensagens para transformar vidas.** 2. ed. São Paulo: Vida, 2009.

_____. **Igrejas que prevalecem.** 2. ed. São Paulo: Vida, 2009.

SOUTHELAND, Dan. **A transição: conduzindo pessoas no processo de mudanças.** São Paulo: Vida, 2007.

WARREN, Rick. **Uma igreja com propósitos.** 2. ed. São Paulo: Vida, 2008.

_____. **Uma vida com propósitos: você não está aqui por acaso.** 2. ed. São Paulo: Vida, 2007.

Bíblias

Bíblia Sagrada: Nova Tradução na Linguagem de Hoje. Barueri/SP: Sociedade Bíblica, 2000.

Nova Bíblia Viva. São Paulo: Mundo Cristão, 2010.

PETERSON, Eugene H. **A Mensagem: Bíblia em linguagem contemporânea.** São Paulo: Vida, 2011.

CONHEÇA
OUTRAS OBRAS DO AUTOR
POR EDITORA
Vida

Vida

Carlito Paes

Igrejas que Prevalecem

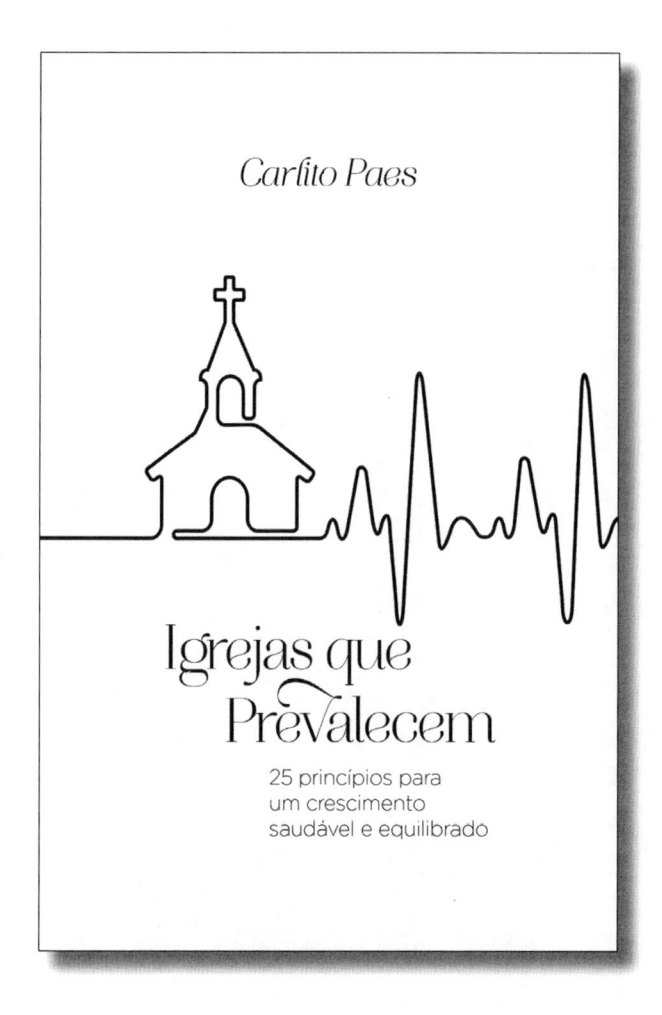

25 princípios para um crescimento saudável e equilibrado

Em *Igrejas que prevalecem*, o autor faz um diagnóstico da vida orgânica e ministerial da igreja local, partindo de estudos da Bíblia e pesquisas que empreendeu em vários ministérios e igrejas no Brasil e em outras partes do mundo. Constata 25 princípios comuns de igrejas saudáveis que de fato prevalecem ao longo dos anos e das dificuldades naturais. Em sua nova edição, o autor aprofunda alguns temas relevantes para os desafios da igreja no século XXI.

Vida

CARLITO PAES

COMO PREPARAR
MENSAGENS
PARA TRANSFORMAR VIDAS

Vida
ACADÊMICA

"Apenas um comunicador extraordinário como Carlito Paes poderia trazer lições tão relevantes para quem deseja ser bem-sucedido na comunicação com o público. Aqui, ele demonstra que a relevância da Palavra deve ser acompanhada da relevância do mensageiro, e ensina como se alcançar esse resultado. Recomendo a leitura para todo aquele que faz uso da palavra, e para os que amam a Palavra!"

WILLIAM DOUGLAS,
juiz federal e autor *best-seller*

Esta obra foi composta em *Arno Pro*
e impressa por Imprensa da Fé sobre papel
Chambril Avena 70 g/m² para Editora Vida.